Améliorez votre mémoire

PQ

Jonathan Hancock

Améliorez votre mémoire

Techniques et exercices pour augmenter vos performances

ÉDITIONS FRANCE LOISIRS

Titre original
Maximize your Memory

Quarto Publishing Inc.,
The Old Brewery, 6 Blundell Street, Londres N7 9BH

Illustrations : Sheilagh Noble, Sue Sharples, Rob Shone
Direction artistique : Elizabeth Healey, Moira Clinch
Photographies : Rosa Rodrigo
Graphisme : Malcolm Smythe

Publié pour la première fois en 2000, au Royaume-Uni,
par David & Charles, Devon

Traduction-adaptation de Philippe Sabathe

ISBN : 2-263-03072-7
Code éditeur : S03072
Dépôt légal : décembre 2000
1re édition

Imprimé en Italie, par Milanostampa
Achevé d'imprimer en novembre 2000

Sommaire

De stupéfiantes possibilités

VOTRE MÉMOIRE EST EXTRAORDINAIRE. À CHAQUE INSTANT, TOUS LES JOURS DE VOTRE VIE, ELLE ACCOMPLIT DES MIRACLES.

Toutes vos activités quotidiennes font appel à votre mémoire. Que vous marchiez, lisiez, parliez, vous reposiez, jouiez — ou simplement respiriez —, un processus mnésique particulier est toujours à l'œuvre. Votre mémoire vous permet de vous déplacer, de communiquer, d'apprendre, d'agir, de réagir et de demeurer en vie. Les quelques dizaines de milliards de cellules de votre cerveau sont sans cesse en train de s'activer et de se connecter les unes aux autres, triant et organisant des informations de toutes sortes, et vous les restituant chaque fois que vous en avez besoin, le plus souvent sans même que vous vous en rendiez compte.

On estime que la mémoire d'un adulte moyen contient des informations qui pourraient remplir une encyclopédie de dix millions de millions de pages. Il faudrait au moins cent ans au plus puissant des ordinateurs pour accomplir ce que votre cerveau est capable de réaliser en une seule minute. Pourquoi, dès lors, oubliez-vous des noms, égarez-vous parfois vos affaires, manquez-vous sans le vouloir certains de vos rendez-vous ? Pourquoi avez-vous du mal à apprendre de nouvelles techniques, ne parvenez-vous pas à vous souvenir de certaines plaisanteries, éprouvez-vous souvent l'impression de n'avoir aucune suite dans les idées ? Pensez-vous que votre mémoire s'affaiblit ou devient plus lente ? Ce livre est destiné à vous permettre de développer votre confiance en votre mémoire, de façon que vous puissiez la mettre à l'œuvre dans tous les domaines de votre vie. Il vous apprendra non seulement à maîtriser les pouvoirs extraordinaires de votre esprit, mais aussi à les utiliser de manière pratique.

La clé du développement de la mémoire est l'imagination. Votre mémoire fonctionne à l'aide d'images, et vous pouvez apprendre à vous servir de votre imagination pour rendre mémorables tous les faits et tous les noms que vous désirez. Et si vous doutez de la puissance de votre imagination, pensez seulement à ce qu'elle est capable de produire lorsque vous rêvez.

LA MARCHE
Même lorsque vous marchez tout simplement dans la rue, c'est votre mémoire qui guide le moindre de vos gestes.

Le monde des rêves

Quand vous rêvez, vous pouvez vous rendre n'importe où, faire n'importe quoi, explorer, expérimenter, courir les risques les plus fous et vivre toutes les fantaisies possibles. Chaque nuit, votre esprit démontre son fabuleux pouvoir imaginatif.

Le psychologue Carl-Gustav Jung affirmait que nous rêvons tout le temps, mais que nous n'en sommes pas conscients lorsque nous sommes éveillés. Il comparait ce phénomène à la lumière du jour qui empêche de voir les étoiles. Pour stimuler votre mémoire, vous devez découvrir comment « allumer » votre imagination pendant la journée. Vous pouvez en effet créer des images et des liens émotionnels qui vous aideront à retrouver, au moment où vous le désirerez, tout ce que vous aurez besoin de vous rappeler.

Si vous souhaitez apprendre sans peine, vous souvenir sans difficulté, même dans les situations les plus perturbantes, et tirer le meilleur parti des étonnantes facultés de votre esprit, lisez attentivement cet ouvrage. Vous y découvrirez tous les conseils et toutes les astuces qui vous permettront d'utiliser votre mémoire au mieux de ses capacités.

Un outil inégalable

Votre cerveau est l'instrument le plus parfait qui puisse se concevoir pour traiter, emmagasiner, conserver et restituer des informations. Vous découvrirez bientôt de quelle manière vous pouvez accroître ses performances.

Quelques idées fausses sur la mémoire

Il est tentant de se dire que l'on s'arrange très bien avec la mémoire que l'on a, même si elle est parfois un peu déficiente. Cependant, si vous vous reconnaissez dans une ou plusieurs des affirmations ci-dessous, votre mémoire est susceptible d'être améliorée.

« Je l'ai sur le bout de la langue »
Ci-dessus : Sur une photographie de classe, vous reconnaissez les visages de vos camarades, mais sans retrouver leurs noms. Vous pouvez éviter ce désagrément en améliorant votre mémoire.

- Ma mémoire était meilleure autrefois.
- J'ai quelquefois du mal à mettre un nom sur un visage.
- J'oublie souvent les numéros de téléphone, les adresses, les rendez-vous et les dates d'anniversaires.
- J'ai besoin de notes quand je dois faire un exposé.
- J'éprouve des difficultés à réviser des examens et à apprendre de nouvelles techniques.
- Je ne peux pas me fier à ma mémoire dans mon travail.

La culture générale
Ci-dessus : Les connaissances acquises à l'école viennent souvent à « manquer » lorsqu'on arrive à l'âge adulte. En faisant appel à des techniques de mémorisation, vous pourrez en fixer le souvenir et les retrouver chaque fois que vous en aurez besoin.

Les bienfaits d'une bonne mémoire

Considérez maintenant les domaines dans lesquels vous pourriez vous sentir plus à l'aise si vous vous appliquiez à améliorer votre mémoire.

- Je pourrais m'entretenir avec d'autres personnes en étant plus sûr de moi.
- Je pourrais me souvenir sans peine des numéros de téléphone, des dates, des adresses, des recettes, etc.
- Je pourrais parler en public sans hésiter, me tromper ni avoir à lire, et on apprécierait mieux mes interventions.
- Je me souviendrais des lettres, des cartes postales et des courriers électroniques que j'ai envoyés, ainsi que des réponses que j'ai reçues.
- Je serais mieux organisé dans mon travail et j'aurais plus de temps pour moi.
- J'obtiendrais de meilleures performances dans mes loisirs favoris.
- Je serais plus créatif, plus imaginatif et plus audacieux.
- Je ferais confiance à ma mémoire et n'aurais plus à redouter ses défaillances.

Le pouvoir relatif de la chose écrite
À droite : Il est souvent tentant d'écrire les choses pour ne pas les oublier, plutôt que de se fier à sa mémoire. Mais on ne peut pas toujours prendre des notes. Si vous utilisez au maximum les capacités de votre mémoire, vous n'aurez plus besoin de stylo.

Tout cela n'est pas pour moi

« Ma mémoire, affirment certains avec humour, est l'outil qui me sert à oublier. » Si vous êtes d'accord avec cette définition, vous n'avez pas conscience des immenses possibilités de votre mémoire. Elle peut faire preuve d'une extraordinaire efficacité, vous ramenant des décennies en arrière et vous donnant accès à une quantité incroyable d'informations qui sont stockées dans votre cerveau et n'attendent qu'un léger effort de votre part pour vous revenir à l'esprit.

La mémoire est indépendante de l'intelligence et de l'âge. Elle change quand on vieillit, mais les recherches les plus récentes ont montré qu'une personne faisant régulièrement travailler son cerveau voit son esprit devenir plus vif et percutant avec le temps. La recette de cette amélioration est très simple : il suffit d'apprendre à bien utiliser sa mémoire.

Comme un jeu de cartes
Ci-dessous : Votre mémoire vous joue parfois des tours, comme dans un jeu de cartes. Si vous apprenez à l'utiliser, vous en tirerez le meilleur parti.

Cette excuse est souvent avancée par les personnes qui refusent d'envisager qu'elles pourraient avoir des problèmes de mémoire. En réalité, améliorer sa mémoire peut être simple, rapide, et même passionnant. Lorsque vous vous servez mal de votre mémoire, les tâches mentales que vous devez accomplir vous paraissent complexes et inintéressantes. Si vous appliquez les techniques de mémorisation proposées dans cet ouvrage, vous constaterez que ces mêmes tâches deviendront faciles, agréables et stimulantes.

LES BONS ET LES MAUVAIS TOURS DE LA MÉMOIRE

DANS QUELLE MESURE POUVEZ-VOUS CONTRÔLER VOTRE MÉMOIRE ? FAITES LES TESTS DE CES DEUX PAGES, EN PRENANT TOUT VOTRE TEMPS, ET VOYEZ LEQUEL, DE VOUS OU DE VOTRE MÉMOIRE, PEUT JOUER DES TOURS À L'AUTRE.

Vous conduisez un autocar. Au premier arrêt, le véhicule prend huit voyageurs. Au deuxième arrêt, trois d'entre eux descendent et sept nouvelles personnes montent. À l'arrêt suivant, un seul passager descend mais un groupe d'écoliers le remplace : dix-neuf au total. Au quatrième arrêt, le car laisse cinq personnes et en prend deux. À l'arrêt qui suit, il prend sept nouveaux passagers. Au sixième et dernier arrêt, onze personnes montent et quatre descendent.

La question est :
Quel est le nom du chauffeur ?

Avant de dire que ce problème n'a pas de sens, relisez la première phrase. Vous l'avez sans doute oubliée en vous concentrant sur la suite. Si vous conduisez l'autocar, le nom du chauffeur est évidemment le vôtre.

Votre attention peut être distraite et vous risquez d'omettre des informations essentielles.

NE PAS VOIR L'ÉVIDENCE
Lorsque nous devons résoudre un problème, comme celui de l'autocar proposé ci-contre, nous passons souvent à côté du détail le plus évident et nous croyons que nous ne pouvons pas découvrir la solution. Nous survolons trop rapidement les faits, au lieu de les considérer posément, en prenant le temps de bien les assimiler.

Voici un autre test. Lisez à haute voix le dicton ci-dessous :

UN BON TIENS

VAUT MIEUX

QUE DEUX TU

TU L'AURAS

Maintenant, regardez-le avec plus d'attention. Avez-vous lu exactement ce qui est écrit : « Un bon tiens vaut mieux que deux tu tu l'auras » ? Dans le test du conducteur d'autocar, de nombreuses personnes croient qu'elles n'ont pas la réponse alors que celle-ci leur a été servie « sur un plateau ». Dans ce test, c'est l'inverse qui se produit : elles croient déjà la connaître, et leur esprit les induit une fois de plus en erreur.

Mais il est également important de réaliser que nous pouvons aussi jouer des tours à notre mémoire. Pour vous en donner un exemple, essayez le test suivant. Vous disposez de dix secondes pour mémoriser ce nombre :

6 0 2 4 7 4 2 8 2 9 3 0 3 1 5 2 3 6 5 3 6 6

Y êtes-vous parvenu ? Probablement pas. Relisez-le attentivement et vous constaterez qu'il s'agit de chiffres disposés dans un ordre logique :

il y a 60 minutes dans une heure
24 heures dans une journée
7 journées dans une semaine
4 semaines dans un mois
28, 29, 30 ou 31 jours dans un mois
52 semaines dans une année
365 ou 366 jours dans une année.

Maintenant que vous savez comment ce nombre a été composé, essayez de le réécrire de mémoire.

La mémoire peut souvent être développée d'une manière très simple, et vous pouvez transformer sans peine en avantages les « mauvais tours » qu'elle vous joue.

QUESTION DE TEMPS

Les informations comme le nombre de minutes ou de secondes qu'il y a dans une heure sont apprises dès l'enfance et rarement oubliées. Elles peuvent vous aider, si vous savez vous en servir, à retenir des données plus complexes.

L'IMAGINATION

NAPOLÉON DISAIT : « L'IMAGINATION DOMINE LE MONDE. » CHEF DE GUERRE INCOMPARABLE, IL PRÉPARAIT TOUTES SES BATAILLES EN LES IMAGINANT, EN PRÉVOYANT JUSQU'AU MOINDRE DÉTAIL DE LEUR DÉROULEMENT.

L'imagination est l'élément clé pour améliorer votre mémoire et mieux contrôler votre vie. Elle vous permet de vous souvenir de plus de choses, et les procédés mnémotechniques la développent. Vous devenez ainsi plus apte à résoudre vos problèmes d'une manière créative et à remporter des succès.

Les enfants excellent à utiliser leur imagination. Rappelez-vous comment vous étiez entre cinq et dix ans. Vous posiez avidement des questions sur tout, vous vous inventiez des amis imaginaires, vous jouiez des rôles, vous découvriez la vie au travers de votre imagination.

Les livres pour enfants regorgent d'histoires et d'images merveilleuses. Lorsqu'ils commencent à dessiner, les bambins emploient des teintes très vives. Malheureusement, on leur impose ensuite, dès leurs premières années d'école, de cesser d'illustrer leurs cahiers, de renoncer aux couleurs, d'écrire nettement sur des lignes droites, et de remplacer leurs féeries par des raisonnements logiques. Au fil du temps, leur imagination est reléguée au second plan, quand elle n'est pas condamnée à disparaître.

Pour améliorer votre mémoire, vous devez recommencer à penser comme un enfant. Cela vous semblera sans doute un peu étrange au début, mais vous pouvez retrouver la façon dont votre esprit fonctionnait à l'époque où apprendre était pour vous la chose la plus naturelle du monde. Ne craignez pas que votre imagination soit trop rouillée : les quelques exemples de la page ci-contre vous montreront qu'elle est toujours en état de fonctionner.

LES PETITS SOLDATS
Fond de page : Les batailles inventées par les enfants qui jouent aux petits soldats développent leur imagination, leur expérience et leur logique — trois facultés qui leur seront très utiles dans les combats quotidiens de l'existence. Plus modernes, les jeux électroniques présentent des avantages similaires.

ACIDE ET CRISSANT

Imaginez un citron. Les yeux fermés, représentez-vous son bel ovale, sa magnifique couleur jaune vif et le contact rugueux de son écorce. Pensez que vous le coupez en deux avec un couteau effilé, puis que vous pressez l'une des moitiés contre vos lèvres. Un flot de salive emplit certainement votre bouche. La seule idée de sucer un citron suffit à déclencher une réponse de votre organisme.

Visualisez maintenant un vieux tableau noir d'école. Touchez-le en pensée pour vous souvenir de sa texture. Efforcez-vous d'entendre le crissement de la craie. Vos dents ne se mettent-elles pas à grincer ? Une fois encore, votre imagination s'est révélée assez forte pour vous faire réagir physiquement.

Sans l'imagination, vous êtes confronté brutalement au monde matériel tel qu'il se présente. À l'inverse, ce livre vous apprendra à traiter les informations afin qu'elles s'impriment de façon vivante dans votre mémoire. Vous vous sentirez rapidement à l'aise en redécouvrant la partie enfantine de votre esprit et, avec elle, le plaisir d'apprendre.

LA MÉMOIRE DES SENS
Ci-dessus : Les images du couteau et du citron illustrent la puissance de l'imagination, capable de vous faire revivre des expériences sensorielles très anciennes.

SOYEZ MOTIVÉ

Ce livre contient des informations, des astuces et des exercices destinés à vous aider à être plus compétitif. Il est important que vous appliquiez les techniques proposées au plus grand nombre d'aspects possible de votre vie. Sitôt que vous avez appris une nouvelle méthode de mémorisation, cherchez comment l'utiliser.

Le but de cet ouvrage est de vous redonner confiance en votre mémoire, afin que vous abordiez sans crainte tous les apprentissages. À la fin de sa lecture, vous aurez la sensation que votre esprit est passé sous *votre* contrôle, avec des systèmes de rangement bien ordonnés pouvant accueillir toutes les informations dont vous aurez besoin. Loin d'être de simples « trucs », les techniques exposées donnent des résultats impressionnants. Chacune d'elles a un objectif pratique, vous permettant de focaliser vos pensées et d'éliminer toutes les données qui ont cessé de vous être utiles.

Ne soyez pas découragé si certaines méthodes vous semblent compliquées. Les mauvaises habitudes sont parfois longues à perdre. Il est toujours utile de prendre le temps *d'apprendre à apprendre :* Abraham Lincoln expliqua un jour que, s'il disposait de six heures pour abattre un arbre, il consacrerait les quatre premières à affûter sa hache.

BIEN SE PRÉPARER
Le président américain Abraham Lincoln mit en relief le rôle capital de la préparation lorsqu'il affirma : « Si je disposais de six heures pour abattre un arbre, je passerais les quatre premières à affûter ma hache. »

ÉTABLISSEZ LES PRIORITÉS DE VOTRE MÉMOIRE

La motivation est déterminante dans tout travail d'apprentissage. Pour clarifier vos objectifs, classez, selon l'intérêt que vous y trouvez, les avantages d'une bonne mémoire, en les notant de 0 (peu utile) à 10 (indispensable).

- Se souvenir de listes : courses à faire, tâches à accomplir, objets à ranger.

- Garder en mémoire des recettes, des procédés et des techniques.

- Donner une meilleure image de soi en parlant ou en écrivant « de tête ».

- Retenir les noms et être plus sûr de soi dans ses rapports professionnels ou sociaux.

- Améliorer ses performances sportives.

- Se souvenir des codes secrets, dates, numéros de téléphone, adresses, références, etc.

- Être mieux armé pour les tests et examens.
- Mémoriser les itinéraires.

- Mieux organiser toutes ses activités.

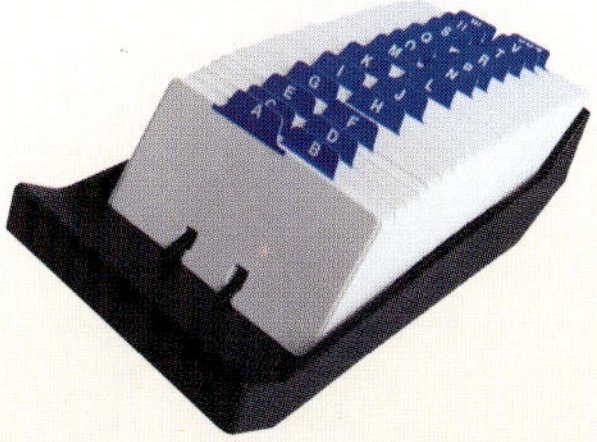

- Développer sa créativité.

- Se rappeler ses lectures et son courrier.

- Parler en public sans avoir besoin de notes.

- Apprendre des langues étrangères.

- Garder une bonne mémoire en vieillissant.

- Se souvenir des fêtes et des anniversaires.

Plus tôt vous vous familiariserez avec de nouvelles façons d'apprendre, plus vite vos anciennes habitudes disparaîtront, et les techniques de mémorisation efficaces et amusantes proposées ici deviendront naturelles. Comme l'affirmait Érasme, philosophe hollandais de la Renaissance : « Un clou chasse l'autre ; l'habitude est vaincue par l'habitude. »

Ce livre a pour but de vous aider à employer des moyens simples pour mémoriser des informations de toutes sortes. Il commence par présenter quelques techniques générales, puis devient de plus en plus précis à mesure qu'il affine ses objectifs. Il comprend des exercices de stimulation de la mémoire, ainsi que des tests qui vous permettront d'évaluer régulièrement vos progrès.

Un vieux proverbe dit, en substance, que tout voyage commence par un premier pas. Quelle que soit la mauvaise opinion que vous avez de votre mémoire, vous pouvez réveiller sa puissance et retrouver confiance en elle.

Délogez les mauvaises habitudes
L'image d'un clou chassant l'autre illustre le remplacement de vos anciennes habitudes par de nouvelles façons d'utiliser votre mémoire, plus efficaces et durables.

TEST DE PROGRESSION N° 1

QU'EN EST-IL DE VOTRE MÉMOIRE ? AVANT DE COMMENCER À L'AMÉLIORER, IL EST INTÉRESSANT DE VOIR CE QU'ELLE EST CAPABLE D'ACCOMPLIR.

Ce test comprend quatre parties : noms et visages ; mots ; nombres ; listes. Vous disposez de trente minutes pour le faire. Suivez scrupuleusement les instructions et les durées. Ne vous inquiétez pas si vos résultats sont mauvais ou médiocres : ils serviront à mesurer vos progrès lorsque vous aurez fini ce livre. Les questions du test se trouvent page 18.

LISTES

VOUS AVEZ CINQ MINUTES POUR MÉMORISER CES DEUX LISTES. REPORTEZ-VOUS À LA PAGE SUIVANTE POUR RÉPONDRE AUX QUESTIONS.

Liste A	Liste B
1 fraises	1 nettoyer la voiture
2 pain	2 récupérer le linge au pressing
3 allumettes	3 demander un nouveau passeport
4 vin	4 sortir le chien
5 dinde	5 rendre les livres à la bibliothèque
6 biscuits	6 retrouver Jacques à l'aéroport
7 fromage	7 écrire à la banque
8 haricots blancs	8 passer prendre les photographies
9 éponges	9 appeler Christine
10 jambon	10 réserver des places d'avion

NOMBRES

VOUS TROUVEREZ CI-DESSOUS SIX NUMÉROS DE TÉLÉPHONE FICTIFS. ESSAYEZ DE LES RETENIR EN LES LISANT PENDANT QUINZE MINUTES, PUIS RÉPONDEZ AUX QUESTIONS DE LA PAGE SUIVANTE.

garage : 01 43 26 27 12
cinéma : 01 42 98 67 28
restaurant : 01 41 53 39 18
librairie : 01 40 67 68 15
musée : 01 42 29 17 15
banque : 01 41 63 18 13

MOTS

DONNEZ-VOUS DEUX MINUTES POUR LIRE ET MÉMORISER LES QUINZE MOTS CI-DESSOUS AVANT DE PASSER À LA PAGE SUIVANTE.

bouteille
arbre
cheval
musique
cuiller
droite
trou
temps
foire
table
voile
cassure
ciel
goutte
main

NOMS ET VISAGES

VOUS AVEZ DEUX MINUTES POUR REGARDER LES VISAGES CI-DESSOUS ET LIRE LES NOMS QUI LEUR CORRESPONDENT. RÉFÉREZ-VOUS ENSUITE À LA PAGE SUIVANTE.

Angèle Gluckstein

Jean Plombeur

Mylène Destanque

Jeannette Laboule

Alfredo Garcia

Luc Barberot

Maria Desnoyer

Louis Chan

Dino Fellini

Henri Rainier

QUELS SONT VOS RÉSULTATS

POUVEZ-VOUS RÉPONDRE DE MÉMOIRE AUX QUESTIONS SUIVANTES ? ÉCRIVEZ VOS RÉPONSES PUIS VÉRIFIEZ LEUR EXACTITUDE EN VOUS RÉFÉRANT À LA PAGE PRÉCÉDENTE. ET N'ESSAYEZ PAS DE TRICHER !

LISTES

REMPLISSEZ DE MÉMOIRE LES DEUX LISTES CI-DESSOUS.

COMPTEZ UN POINT POUR CHAQUE RÉPONSE EXACTE, SITUÉE À LA BONNE PLACE, DANS CHACUNE DES LISTES.

Liste A	*Liste B*
1	*1* ....
2	*2* ....
3	*3* ....
4	*4* ....
5	*5* ....
6	*6* ....
7	*7* ....
8	*8* ....
9	*9* ....
10	*10* ....

NOMBRES

QUELS SONT LES NUMÉROS DE TÉLÉPHONE :

de la banque ?........................

du musée ?........................

du cinéma ?........................

de la librairie ? ....

du restaurant ? ....

du garage ? ....

DONNEZ-VOUS CINQ POINTS POUR CHAQUE NUMÉRO EXACT.

MOTS

VOUS SOUVENEZ-VOUS DES QUINZE MOTS DANS L'ORDRE ? ACCORDEZ-VOUS DEUX POINTS POUR CHAQUE MOT SITUÉ À LA BONNE PLACE.

....

....

....

....

....

....

....

....

....

....

....

....

....

....

....

NOMS ET VISAGES

COMMENT S'APPELLENT CES DIX PERSONNES ?

ATTRIBUEZ-VOUS UN POINT POUR CHAQUE PRÉNOM ET UN POINT POUR CHAQUE NOM DE FAMILLE EXACTS.

....
....

....
....

....
....

....
....

....
....

....
....

....
....

....
....

....
....

....
....

LORSQUE VOUS AVEZ FINI, CALCULEZ VOTRE SCORE SUR 100 POINTS. NOTEZ LE RÉSULTAT DE CETTE PREMIÈRE ÉVALUATION, ET PRÉPAREZ-VOUS À VOIR VOS SCORES AUGMENTER SENSIBLEMENT LORS DES TESTS SUIVANTS.

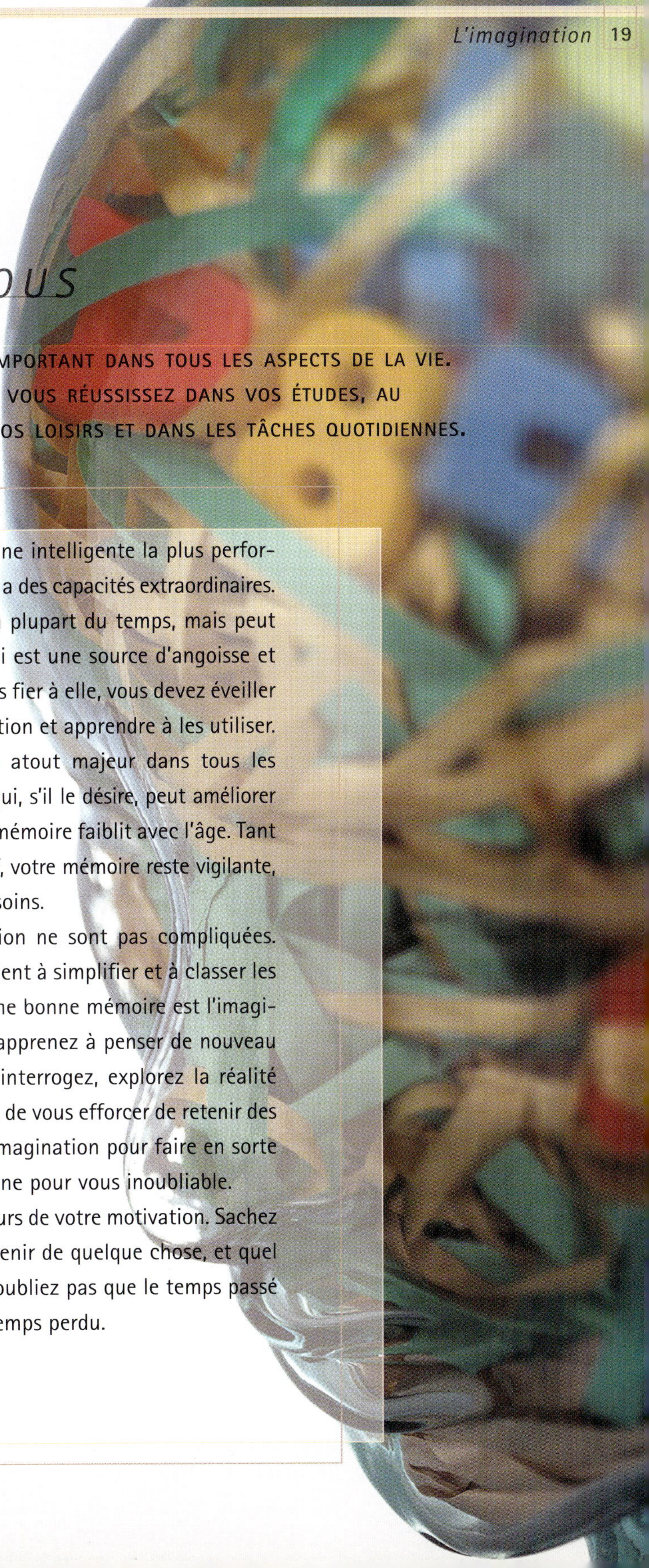

Résumons-nous

LA MÉMOIRE JOUE UN RÔLE IMPORTANT DANS TOUS LES ASPECTS DE LA VIE. PLUS ELLE EST BONNE, MIEUX VOUS RÉUSSISSEZ DANS VOS ÉTUDES, AU TRAVAIL, EN SOCIÉTÉ, DANS VOS LOISIRS ET DANS LES TÂCHES QUOTIDIENNES.

LE CERVEAU HUMAIN est la machine intelligente la plus performante du monde. Votre mémoire a des capacités extraordinaires. Elle fonctionne parfaitement la plupart du temps, mais peut parfois vous faire défaut, ce qui est une source d'angoisse et de frustration. Pour pouvoir vous fier à elle, vous devez éveiller les ressources de votre imagination et apprendre à les utiliser.

Une bonne mémoire est un atout majeur dans tous les domaines de la vie ; n'importe qui, s'il le désire, peut améliorer la sienne. Ne croyez pas que la mémoire faiblit avec l'âge. Tant que votre cerveau demeure actif, votre mémoire reste vigilante, prête à répondre à tous vos besoins.

Les méthodes de mémorisation ne sont pas compliquées. Bien au contraire, elles vous aident à simplifier et à classer les informations. L'élément clé d'une bonne mémoire est l'imagination. Pour stimuler la vôtre, apprenez à penser de nouveau comme un enfant : cherchez, interrogez, explorez la réalité à des niveaux différents. Au lieu de vous efforcer de retenir des données brutes, utilisez votre imagination pour faire en sorte que chaque information devienne pour vous inoubliable.

Enfin, préoccupez-vous toujours de votre motivation. Sachez pourquoi vous devez vous souvenir de quelque chose, et quel bénéfice vous en tirerez ; et n'oubliez pas que le temps passé à se préparer n'est jamais du temps perdu.

LES CHEMINS DE LA CONSCIENCE

SELON LE PHYSIOLOGISTE BRITANNIQUE CHARLES SCOTT SHERRINGTON, « LE CERVEAU HUMAIN EST UN MÉTIER À TISSER MAGIQUE DONT LES MILLIONS DE NAVETTES RAPIDES COMME L'ÉCLAIR CRÉENT UN MOTIF QUI SE DISSOUT SANS CESSE, UN MOTIF TOUJOURS CHARGÉ DE SENS MAIS JAMAIS IMMOBILE, UNE HARMONIE MOUVANTE DE SOUS-MOTIFS. C'EST COMME SI LA VOIE LACTÉE SE LIVRAIT À UNE DANSE COSMIQUE. » CE CHAPITRE MONTRE COMMENT FONCTIONNENT LES MÉCANISMES UNIQUES DE NOTRE CERVEAU.

QU'EST-CE QUE LA MÉMOIRE ?

PENDANT PLUS DE DEUX MILLE ANS, LES HOMMES ONT ÉMIS D'INNOMBRABLES HYPOTHÈSES SUR CE QU'EST LA MÉMOIRE, OÙ ELLE SE SITUE ET COMMENT ELLE FONCTIONNE, MAIS LES VÉRITABLES RECHERCHES SCIENTIFIQUES N'ONT COMMENCÉ QU'IL Y A UNE CENTAINE D'ANNÉES.

À L'INTÉRIEUR DU CERVEAU
L'imagerie par résonance magnétique (IRM) permet d'obtenir des images anatomiques précises du cerveau. Utilisée à l'origine pour détecter les anomalies du système nerveux central, elle fournit aussi d'intéressantes indications sur la composition et la structure du cerveau et de l'épine dorsale.

Pour le philosophe grec Aristote, la mémoire était comme une tablette de cire. Les informations s'y inscrivaient sous forme de marques qui s'estompaient puis finissaient par disparaître. Malgré sa connaissance limitée de la nature physique complexe du cerveau, Aristote avait compris le rôle important de l'imagination et des associations d'idées dans le processus de mémorisation. Platon était lui aussi fasciné par la mémoire et reconnaissait qu'il est utile de l'entraîner. Ils vivaient à une époque où la mémoire était vénérée sous la forme de la déesse Mnémosyne, la mère des neuf Muses qui présidaient aux arts et aux sciences.

Au Ier siècle avant notre ère, le grand orateur romain Cicéron se demandait si la mémoire était « la trace des choses enregistrées dans l'esprit ». Doué lui-même d'une mémoire exceptionnelle, on suppose qu'il

LA MÉMOIRE ENFANTINE
C'est pendant l'enfance, quand on apprend à marcher, à parler et à structurer sa pensée, que la mémoire physique se développe le plus vite.

employait certaines des techniques décrites dans ce livre pour s'adresser au Sénat des heures entières, sans aucune note. Ses questions sur la nature et la localisation de la mémoire ont passionné, pendant des siècles, savants et philosophes.

Comment fonctionne le cerveau ?

Nous savons que les milliards de cellules responsables de l'activité cérébrale – les neurones – communiquent constamment entre elles au moyen de signaux électriques, franchissant les minuscules espaces les séparant les unes des autres, appelés « synapses », grâce à l'action de substances chimiques, les neurotransmetteurs. L'insuffisance de certains neurotransmetteurs peut provoquer des troubles graves, comme la maladie d'Alzheimer. Les savants qui étudient ces interconnexions constatent qu'elles sont d'une extraordinaire complexité et évaluent leur nombre à environ dix millions de milliards. On a cherché autrefois à déterminer dans quelles aires du cerveau étaient conservés les souvenirs. Aujourd'hui, on pense qu'ils sont répartis dans des circuits neuronaux, et que l'activation d'un seul neurone stimule tous les autres par réaction en chaîne.

Certains experts comparent la mémoire à un hologramme dont chaque partie, si petite soit-elle, contient la totalité de l'image, mais considérablement affaiblie. D'autres la conçoivent comme un ensemble de pixels – ces points minuscules qui animent les images des écrans de télévision. Ces analogies nous donnent une vague idée de ce que peut être la mémoire, mais nous indiquent surtout à quel point nous sommes encore loin d'en avoir compris tous les mécanismes.

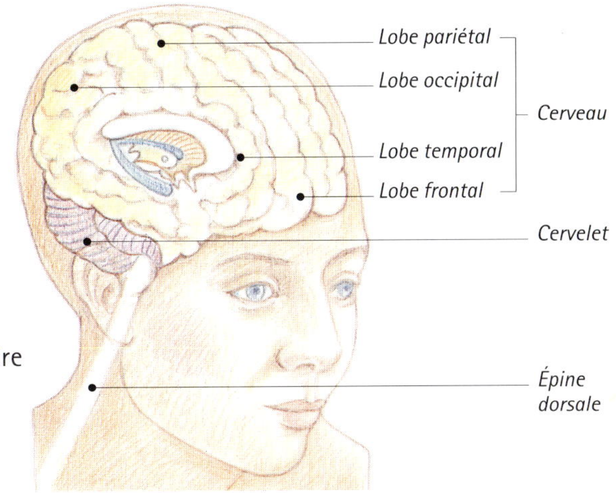

La structure du cerveau
Ci-dessus : Le cerveau, le centre de contrôle de notre corps, est divisé en deux hémisphères cérébraux, le droit et le gauche. Les lobes temporaux, situés sur les côtés de l'encéphale, dirigent les émotions et les fonctions mnésiques, tandis que les autres lobes sont liés à la conscience de soi, aux mouvements, à la vision et aux perceptions sensorielles.

Notre mémoire est-elle pixellisée ?
Un pixel n'est rien tant qu'il n'est pas associé à d'autres. Un mot ou une image peuvent se former et se déplacer sur l'écran en fonction des apparitions, des disparitions et des diverses combinaisons des pixels, mais peut-on dire où se trouve le message ? N'importe où, nulle part ou partout ?

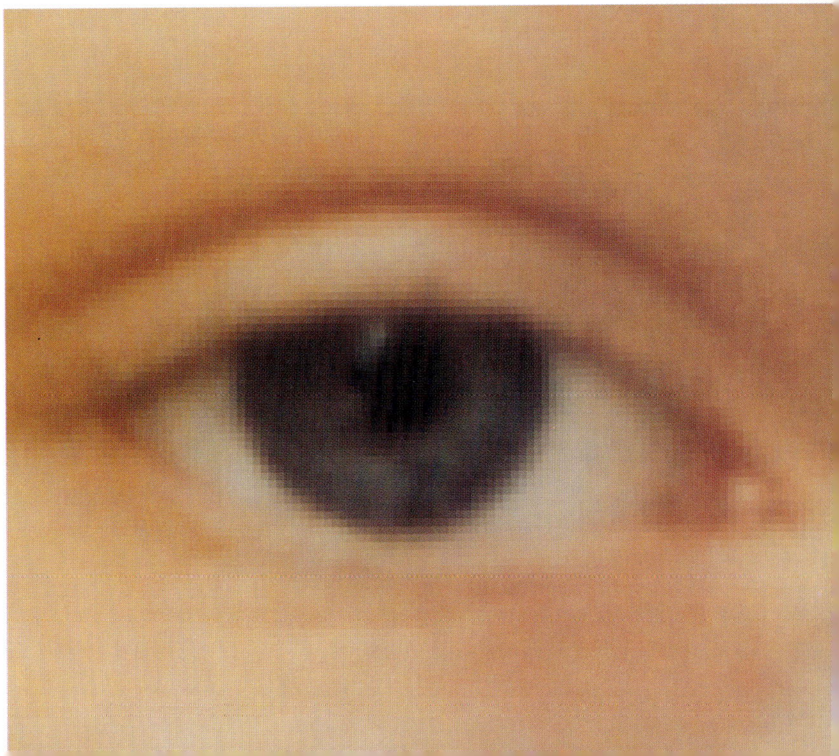

Les différentes mémoires

NOTRE COMPRÉHENSION DE LA MÉMOIRE EST RENDUE ENCORE PLUS DIFFICILE PAR LE FAIT QUE LA MÉMOIRE PREND DE NOMBREUSES FORMES. POUR LA PLUPART DES GENS, ELLE CONSISTE SEULEMENT À SE SOUVENIR DU PASSÉ, MAIS CE N'EST LÀ QU'UNE DE SES FONCTIONS PARMI D'AUTRES.

Il y a une cinquantaine d'années, un patient nommé H. M., qui souffrait d'épilepsie, dut subir l'ablation d'une partie du cerveau. L'opération le guérit, tout en ayant un curieux effet sur sa mémoire : il ne pouvait plus garder le souvenir de ce qui lui arrivait, mais était encore capable d'assimiler des connaissances, même s'il ignorait la manière dont il les avait acquises. Il n'avait pas perdu la mémoire au sens strict du terme parce que, comme tout être humain, il possédait plusieurs sortes de mémoire.

Imaginez la situation suivante. Vous traversez la ville en voiture pour retrouver votre ami Jacques à la terrasse d'un café. Vous évoquez des souvenirs, quand une femme s'approche. Jacques vous la présente comme sa sœur. Elle est intéressée par un match de football pour lequel vous avez des billets. Elle vous donne son numéro de téléphone et vous convenez de vous retrouver le lendemain après-midi.

À combien de formes de mémoire avez-vous fait appel pendant cet épisode ?

D'abord, vous vous êtes souvenu de votre rendez-vous avec Jacques, de l'heure et du lieu. Vous vous êtes ensuite rappelé inconsciemment comment conduire une voiture et, quand vous avez atteint le café, vous avez reconnu votre ami. Vous avez pu bavarder avec lui parce que vous connaissiez le sens de tous les mots

Un paradoxe de la mémoire
Nous nous souvenons avec précision d'objets banals, comme une simple chope de bière, parce qu'ils font partie de notre cadre habituel. Les faits sortant de l'ordinaire, comme un match de football féminin, marquent notre mémoire justement parce qu'ils sont inhabituels.

La musique
Ci-dessous : Les mélodies et les rythmes marquent profondément notre mémoire parce qu'ils sont liés à des émotions personnelles.

employés, mais aussi parce que vous évoquiez ensemble des souvenirs communs. Lorsque la sœur de Jacques est arrivée, vous avez engrangé un nouveau souvenir afin de pouvoir la retrouver le lendemain.

Par ailleurs, vous avez su boire tout en discutant, et conduire votre voiture en enregistrant les nouveaux détails du paysage et en chantonnant l'air que diffusait la radio – d'ailleurs, vous vous souvenez des circonstances exactes où vous l'avez entendu pour la première fois.

Ce court épisode met en lumière les quatre types principaux de mémoire, ainsi que la manière dont ils peuvent se chevaucher et agir de concert.

La mémoire épisodique

La mémoire épisodique traite le passé. Elle peut jouer des tours. Si vous rassemblez vos souvenirs les plus lointains, il est fort probable que vous y découvrirez beaucoup d'incohérences. Choisissez un moment qui a marqué l'histoire du monde et essayez de vous souvenir de l'endroit où vous vous trouviez quand vous en avez été informé. Pouvez-vous vous fier à votre mémoire ? Vérifiez ce qu'elle vous dit avec des documents et des photographies et en faisant appel aux souvenirs de vos proches. Votre mémoire épisodique vous induit en erreur beaucoup plus souvent que vous ne le pensez.

La mémoire épisodique permet de se souvenir des événements du passé.

La mémoire sémantique

La mémoire sémantique permet de connaître le monde. C'est grâce à elle que vous vous souvenez de votre numéro de téléphone, que vous savez qu'un chat est un chat, ou que la Terre tourne autour du Soleil. Les mémoires épisodique et sémantique sont étroitement imbriquées, mais il semble qu'elles opèrent à partir d'aires corticales différentes. Par exemple, une personne victime d'un traumatisme crânien peut très bien se souvenir de l'endroit où est rangé le sucre (mémoire épisodique), sans retrouver le nom de ce produit (mémoire sémantique).

Les connaissances générales, souvent acquises enfant, sont traitées par la mémoire sémantique.

Contre la montre

Une bonne manière de tester sa mémoire consiste à s'imposer un temps pour retenir des informations. C'est très distrayant à pratiquer entre amis !

Comparez vos mémoires épisodique et sémantique

Ce test va vous permettre de comparer vos mémoires épisodique et sémantique. Vous avez une minute pour écrire le maximum de mots commençant par la lettre S.

Donnez-vous une autre minute pour écrire le plus grand nombre possible de noms d'aliments (pas de boissons) commençant par n'importe quelle lettre de l'alphabet. Comparez vos deux listes. Sont-elles approximativement égales, ou la première est-elle plus longue que la seconde ?

La plupart des personnes écrivent deux listes comptant à peu près le même nombre de mots mais, chez celles qui souffrent de troubles de la mémoire sémantique, la seconde liste est sensiblement plus courte que la première. Elles peuvent en effet se souvenir de termes ayant la même apparence (une initiale identique), mais éprouvent du mal à réunir des mots ayant un sens voisin – les aliments. Les mémoires épisodique, sémantique, procédurale et prospective sont nos quatre types de mémoire les plus

La mémoire procédurale

La mémoire procédurale concerne les savoir-faire. Chaque jour, nous effectuons des actes qui ne requièrent aucune pensée consciente – marcher, nager, danser –, et qui sont les plus profondément ancrés dans notre esprit. Les personnes qui ont de sérieux troubles de la mémoire se souviennent souvent comment jouer d'un instrument.

La mémoire procédurale enregistre les savoir-faire, comme monter à vélo.

La mémoire prospective

La mémoire prospective permet de planifier. C'est l'un des plus faibles de nos quatre types de mémoire. En effet, si les réminiscences sensorielles nous rappellent aisément le passé, elles ne jouent presque aucun rôle lorsqu'on doit se souvenir d'une tâche à accomplir.

La mémoire prospective entre en jeu quand nous devons prévoir nos actions à court ou à long terme.

importants. Cependant, comme notre esprit fonctionne au moyen d'interconnexions extrêmement complexes, elles ne cessent de se chevaucher. Lorsque vous exécutez un nouveau mouvement de tai-chi-chuan, par exemple, vous utilisez conjointement vos mémoires épisodique (ce que l'on vous a enseigné lors du dernier cours), sémantique (ce qu'est le tai-chi-chuan), procédurale (comment le pratiquer) et prospective (la date de la prochaine leçon).

Les méthodes proposées dans ce livre permettent d'améliorer ses quatre mémoires. Et, comme elles jouent sur les mécanismes naturels de l'esprit, elles aident à accroître les facultés mnésiques. Alors que les savants progressent peu à peu dans la connaissance du cerveau humain, vous pouvez découvrir comment fonctionne votre propre mémoire dans la pratique.

Les pages suivantes présentent des tests destinés à montrer les informations que vous retenez le plus facilement, et les domaines dans lesquels votre mémoire est plus faible. Connaître les possibilités naturelles de son esprit est un premier pas important pour parvenir à le faire travailler constamment au mieux de ses capacités.

L'interaction des mémoires
Les activités physiques, comme le tai-chi-chuan ou l'équitation, sont des exemples parfaits de la manière dont nos différents types de mémoire peuvent travailler ensemble.

Comment fonctionne votre mémoire

CES EXERCICES FONT APPEL À VOS QUATRE TYPES DE MÉMOIRE AFIN DE VOUS MONTRER COMMENT FONCTIONNE CHACUN D'EUX.

Histoires

DEMANDEZ À UN AMI DE VOUS LIRE L'HISTOIRE A. APRÈS QUELQUES MINUTES, DEMANDEZ-LUI DE VOUS LIRE L'HISTOIRE B. ESSAYEZ DE MÉMORISER CES DEUX RÉCITS : VOUS AUREZ À LES RACONTER PAR LA SUITE.

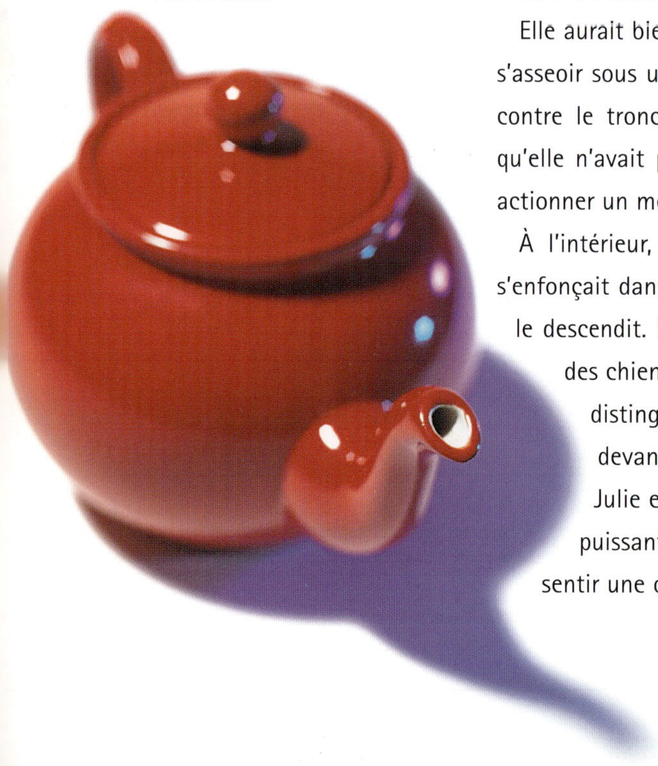

Histoire A

Julie traversait la forêt pour se rendre chez sa tante. C'était l'anniversaire de celle-ci, et Julie lui apportait un cadeau : une belle théière chinoise. Elle l'avait enveloppée du mieux qu'elle pouvait dans du papier, mais elle n'avait pas réussi à cacher le bec. Elle espérait que sa tante ne s'en offusquerait pas.

Soudain, elle se trouva en face d'un énorme champignon qui se dressait au milieu du chemin. En l'examinant — il était beaucoup plus grand qu'elle —, elle s'aperçut qu'une fenêtre s'ouvrait dans son pied, trop sale pour qu'on puisse voir à travers. « Y a-t-il une porte quelque part ? », se demanda-t-elle en faisant le tour du champignon. Elle ne découvrit aucune autre ouverture.

Elle aurait bien aimé entrer dans cet étrange champignon, aussi alla-t-elle s'asseoir sous un arbre proche et se mit-elle à réfléchir. Elle appuya sa tête contre le tronc et, brusquement, avec un craquement sonore, une porte qu'elle n'avait pas vue s'ouvrit dans le pied du champignon. Elle avait dû actionner un mécanisme secret. Elle franchit la porte sans hésiter.

À l'intérieur, le champignon paraissait encore plus grand. Un escalier s'enfonçait dans le sol. En se tenant prudemment à la rampe bleu vif, Julie le descendit. Les murs étaient ornés de dessins représentant des chats et des chiens mais, dans la pénombre, il était difficile d'en distinguer tous les détails. L'escalier s'achevait devant une porte rouge. En s'en approchant, Julie entendit une musique de rock très puissante, et elle eut l'impression de sentir une odeur de brûlé...

Histoire B

Jacques se promenait sur la plage en attendant ses amis qui avaient promis de l'y rejoindre. Dans son sac, il avait mis son maillot de bain, un tube d'écran total et une casquette de base-ball. Comme il ne voyait venir personne, il s'acheta une glace et bâtit un château de sable. Au bout d'un moment, il s'allongea et s'endormit.

Quand il se réveilla, ses amis n'étaient toujours pas arrivés. Il acheta une boisson fraîche et un livre, puis s'assit et se mit à lire, en relevant fréquemment la tête pour surveiller les alentours. Il y avait beaucoup de monde sur la plage. Il vit des gens qui nageaient, d'autres qui jouaient au ballon, qui promenaient leur chien ou qui jouaient avec des cerfs-volants — mais où diable étaient ses amis ? Il sortit son agenda pour s'assurer qu'il ne s'était pas trompé. Il se trouvait sur la bonne plage, on était bien le 15 août, et l'heure du rendez-vous — quatorze heures — était largement passée. Où pouvaient-ils donc être ?

Ayant de nouveau faim, il acheta un hot-dog et un cornet de frites. Puis il marcha au bord de l'eau, observant les bateaux et les gens qui faisaient du ski nautique. Il s'arrêta pour regarder une partie de volley.

Il vit des estivants qui prenaient des bains de soleil et des enfants qui construisaient des châteaux de sable. Lorsqu'il atteignit l'extrémité de la plage, il était prêt à renoncer quand, venant de très loin, il entendit des voix familières...

Personnes

OBSERVEZ ATTENTIVEMENT CES TROIS HOMMES. VOUS AUREZ PLUS TARD À RECONNAÎTRE L'UN D'EUX.

Images

LES VINGT IMAGES CI-DESSOUS ONT ÉTÉ CHOISIES AU HASARD. REGARDEZ ATTENTIVEMENT CHACUNE D'ELLES PENDANT QUELQUES SECONDES EN ESSAYANT DE LA MÉMORISER. IL VOUS SERA DEMANDÉ ENSUITE D'EN RECONNAÎTRE LE PLUS GRAND NOMBRE POSSIBLE.

Nombres

4

36

749

0371

94164

559810

7834189

40912852

947783109

7683759822

98239409713

813977364827

SOLLICITEZ DE NOUVEAU L'AIDE D'UN AMI ET DEMANDEZ-LUI DE LIRE À HAUTE VOIX, LENTEMENT ET RÉGULIÈREMENT, UN CHIFFRE APRÈS L'AUTRE, CHACUNE DE CES LIGNES DE NOMBRES. DÈS QU'IL A FINI DE LIRE UNE LIGNE, ESSAYEZ DE LA RÉPÉTER. LE BUT DE CE TEST EST DE DÉTERMINER COMBIEN DE CHIFFRES VOUS ÊTES CAPABLE DE MÉMORISER, DANS L'ORDRE, EN QUELQUES SECONDES.

MOTS

CET EXERCICE REQUIERT ÉGALEMENT L'AIDE D'UNE AUTRE PERSONNE. DEMANDEZ-LUI DE LIRE LENTEMENT, EN ARTICULANT BIEN, LES VINGT-QUATRE MOTS CI-DESSOUS. DÈS QU'ELLE A TERMINÉ, ÉCRIVEZ TOUS LES MOTS DONT VOUS VOUS SOUVENEZ, SANS VOUS SOUCIER DE L'ORDRE DANS LEQUEL ILS ONT ÉTÉ LUS.

tyrannosaure	clé
bleu	cèdre
famine	oreille
Elvis	veste
sens	ciseaux
orme	crayon
temps	pin
boîte	chien
hier	lumière
trou	papier
vin	bienvenue
bar	chêne

METTEZ DE CÔTÉ LA FEUILLE SUR LAQUELLE VOUS AVEZ NOTÉ VOS RÉPONSES, VOUS EN AUREZ BESOIN PLUS TARD, LORSQUE CELLES-CI SERONT ANALYSÉES.

DESSINS

REGARDEZ LE DESSIN A (CI-DESSOUS, À GAUCHE) PENDANT UNE SECONDE. FERMEZ LES YEUX, FERMEZ LE LIVRE ET ESSAYEZ DE VOUS SOUVENIR DU NOMBRE DE PASTILLES. VÉRIFIEZ VOTRE RÉPONSE, PUIS FAITES LA MÊME CHOSE AVEC LE DESSIN B (CI-DESSOUS, À DROITE).

Dessin A

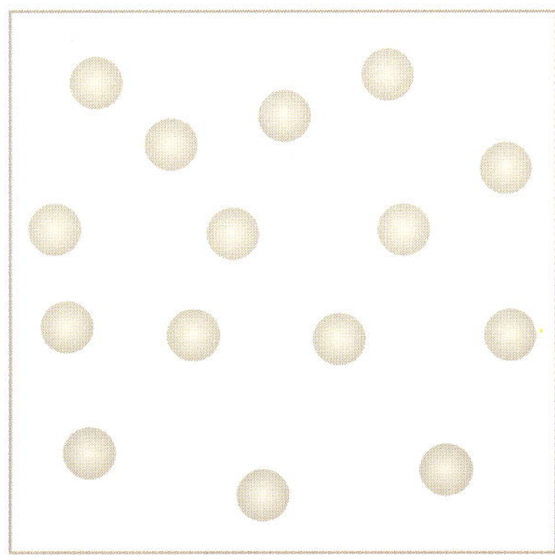

Dessin B

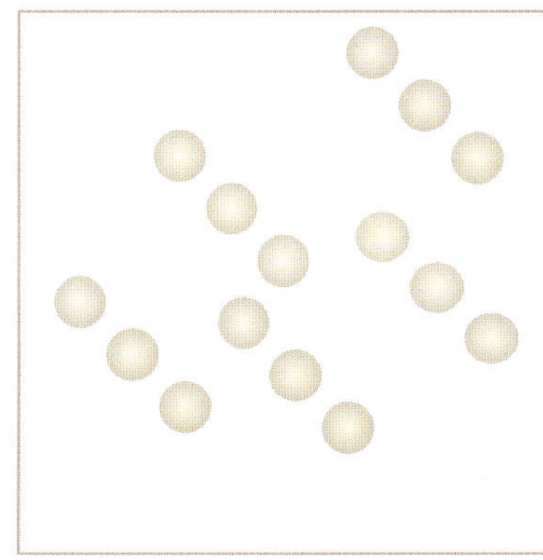

HUIT QUESTIONS POUR TESTER VOTRE MÉMOIRE

RÉPONDEZ AUX HUIT QUESTIONS CI-DESSOUS. CE TEST VOUS AIDERA À COMPRENDRE COMMENT FONCTIONNE VOTRE MÉMOIRE.

1. Quel temps faisait-il il y a exactement deux semaines ?
2. Prenez une pièce de monnaie ordinaire. Sans la regarder, décrivez ses deux faces.
3. Quel est le numéro de téléphone de votre domicile ?
4. Décrivez un épisode embarrassant de votre existence.
5. Le mot « blemf » fait-il partie de la langue française ?
6. Quel temps faisait-il la dernière fois que vous êtes allé vous promener ?
7. Quel était le numéro de téléphone de Léonard de Vinci ?
8. Dans une pomme, dans quel sens sont orientés les pépins ?

PERSONNES : SECONDE PARTIE

PAGE 29, VOUS AVEZ OBSERVÉ LES PHOTOGRAPHIES DE TROIS HOMMES. SANS LES REGARDER DE NOUVEAU, ESSAYEZ DE RECONNAÎTRE L'UN D'EUX DANS L'ALIGNEMENT CI-DESSOUS. L'HOMME QUE VOUS DEVEZ IDENTIFIER ÉTAIT CELUI QUI PORTAIT UN ATTACHÉ-CASE.

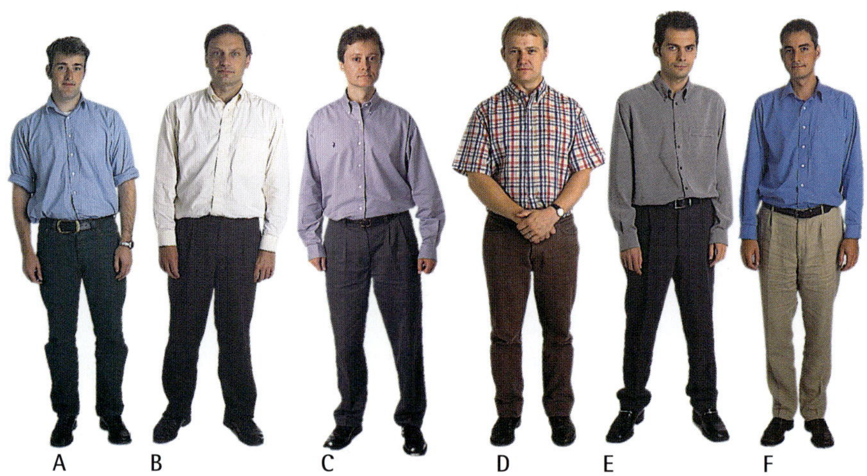

HISTOIRES : SECONDE PARTIE

DEMANDEZ À VOTRE AMI DE PRENDRE LE LIVRE À LA PAGE 28. RACONTEZ L'HISTOIRE A, CELLE DE JULIE, EN ESSAYANT DE VOUS SOUVENIR DU PLUS GRAND NOMBRE DE DÉTAILS. RACONTEZ ENSUITE L'HISTOIRE B, L'APRÈS-MIDI DE JACQUES SUR LA PLAGE. IL APPARTIENDRA À VOTRE AMI DE JUGER DUQUEL DE CES DEUX RÉCITS VOUS VOUS SOUVENEZ LE MIEUX, ET DE VOUS SIGNALER QUELS DÉTAILS VOUS AVEZ OMIS, INVENTÉS OU MAL RETENUS.

IMAGES : SECONDE PARTIE

SUR LA PAGE CI-CONTRE FIGURENT QUARANTE IMAGES. VOUS AVEZ DÉJÀ VU VINGT D'ENTRE ELLES PAGE 30. POUVEZ-VOUS LES RECONNAÎTRE ? ÉCRIVEZ SUR UNE FEUILLE DE PAPIER LES NUMÉROS DE CELLES QUE VOUS PENSEZ AVOIR DÉJÀ VUES, PUIS REVENEZ À LA PAGE 30 POUR VÉRIFIER VOTRE RÉSULTAT.

1
2
3
4
5
6
7
8
9
10
11
12
13
14
15
16
17
18
19
20
21
22
23
24
25
26
27
28
29
30
31
32
33
34
35
36
37
38
39
40

LES MÉCANISMES DE LA RESTITUTION

NOTRE MÉMOIRE ENREGISTRE UNE ÉNORME QUANTITÉ D'INFORMATIONS, MAIS NE NOUS EN RESTITUE LE PLUS SOUVENT QU'UNE TOUTE PETITE PARTIE.

En répondant aux questions de la page 31, avez-vous su décrire la pièce de monnaie ? Vous êtes-vous souvenu que les pépins d'une pomme pointent vers la queue ? Cette question faisait partie de celles que le psychologue américain James McKeen Cattell posa à ses étudiants en 1895 afin d'illustrer l'une des règles fondamentales de la mémoire : il ne suffit pas d'avoir vu quelque chose pour s'en souvenir. D'autres questions de Cattell étaient : qui des châtaigniers ou des chênes perdent leurs feuilles les premiers en automne ? Les chevaux se tiennent-ils avec la tête ou la queue dans le vent ? Il s'agissait de choses que ses élèves avaient eu l'occasion de voir de nombreuses fois, pourtant seulement 59 % d'entre eux ont su répondre à la question sur les arbres, 64 % à celle sur les chevaux, et à peine 39 % savaient comment sont orientés les pépins d'une pomme.

EN CROQUANT LA POMME
Les caractéristiques les plus constantes de la nature échappent très souvent à notre attention. L'exemple des pépins de pomme montre qu'il ne suffit pas de voir souvent quelque chose pour l'enregistrer dans sa mémoire.

« [Les gens] sont aussi incapables de dire quel temps il faisait la semaine précédente que de prévoir le temps de la semaine suivante ! », nota Cattell après que seulement sept personnes sur cinquante-six aient pu décrire le temps de la semaine précédente. À moins d'avoir une raison de s'en souvenir, la plupart des gens oublient les faits du quotidien. Quatre facteurs jouent un rôle important dans l'activation de la mémoire : les images, les étrangetés, les relations de cause à effet et les émotions.

LE POUVOIR DES IMAGES
L'expérience de Ralph Haber a montré que les images ont plus de force que l'écrit ou l'oral.

LES IMAGES

Dans les années 1970, le magazine *Scientific American* rendit compte des recherches sur la mémoire menées par le psychologue Ralph Haber. Il avait montré deux mille cinq cents diapositives à des volontaires, à raison d'une toutes les dix secondes.

Après une pause d'une heure, il leur avait soumis deux mille cinq cents paires de diapositives, comprenant chacune une des images de la première projection, en leur demandant d'identifier celle-ci. Le taux des réponses justes s'était situé entre 80 % et 95 %. Commentant cette expérience, Haber avait noté : « Elle suggère que la reconnaissance des images est pratiquement parfaite. Les résultats auraient sans doute été identiques avec vingt-cinq mille diapositives. »

Notre mémoire aime les images. Nous essayons d'imaginer le visage de nos interlocuteurs téléphoniques. La poésie et la publicité utilisent des images fortes. Lors du test de la page 31, vous vous êtes sans doute souvenu plus aisément des mots auxquels vous pouviez accoler une image – Elvis ou chien – que des termes abstraits, comme « temps ». Les techniques de mémorisation lient souvent des images aux souvenirs pour qu'on les retienne mieux.

Page 32, avez-vous reconnu l'homme à l'attaché-case (photo C) ? Ce test était relativement difficile parce que vous ne saviez pas quel personnage vous deviez mémoriser, et que la seconde photographie était légèrement différente de la première. Il souligne le fait que la mémoire a toujours besoin d'être contrôlée.

LES ÉTRANGETÉS

Dans le test des mots, « tyrannosaure » ne vous a probablement pas échappé parce qu'il sort de l'ordinaire. Nous avons tendance à nous souvenir avec précision des expériences inhabituelles. Ainsi vous êtes-vous sans doute souvenu plus facilement des détails de l'aventure fantastique de Julie (histoire A) que de la banale journée de Jacques (histoire B).

Les relations de cause à effet

Il y a d'autres raisons pour que le récit A frappe davantage la mémoire que le récit B. Dans l'histoire de Julie, les événements sont reliés entre eux (la fillette traverse la forêt *pour* aller offrir un cadeau d'anniversaire à sa tante, elle s'arrête *parce que* quelque chose barre le chemin, etc.) alors que, dans celle de Jacques, ils se succèdent au hasard (acheter une glace, lire, dormir, marcher...) sans qu'aucun d'eux n'entraîne le suivant.

Il est toujours plus facile de se souvenir d'une suite d'événements qui s'enchaînent de manière logique. Le cerveau aime les connexions, qui sont à la base de son fonctionnement. Ainsi, un enfant peut-il aisément retrouver la suite d'une comptine, ou pouvons nous sans peine reconstituer la fin d'un film si nous nous souvenons de son intrigue.

Dans le test des dessins, page 31, il était plus facile de se souvenir du nombre de pastilles du carré B car elles sont alignées par trois, alors que la disposition de celles du carré A ne présente aucune caractéristique identifiable. C'était pourtant la même information – un nombre identique d'objets semblables –, mais présentée d'une façon incompréhensible par le cerveau. Ce mode de fonctionnement de la pensée, appelé groupage, a été mis en lumière par le mathématicien irlandais sir William Hamilton, en 1859. Après avoir lancé des billes sur le sol et évalué le temps nécessaire pour les compter, il écrivit : « Si vous lancez une poignée de billes sur le sol, il vous sera difficile d'en compter plus de six ou sept du premier coup d'œil sans risque d'erreur. Mais si elles forment des groupes, vous pouvez compter autant de groupes que vous pourriez compter d'unités, car l'esprit perçoit ces groupes comme des unités. » Dans le test des mots de la page 31, le groupage vous a sans doute également aidé à vous souvenir des noms d'arbres, parce qu'ils constituaient un sous-groupe signifiant au sein d'un ensemble dénué de sens.

Les émotions

Un autre mot de la liste de la page 31 que vous avez probablement retenu est « famine », car il possède une très forte connotation émotionnelle.

Ordre et désordre

À gauche : Il est beaucoup plus facile de réaliser d'un seul coup d'œil combien on voit d'objets lorsque ceux-ci peuvent être comptés par groupes, plutôt que lorsqu'ils sont disposés totalement au hasard.

Les groupes aléatoires
Le mathématicien irlandais sir William Hamilton a bien défini la difficulté que nous avons à percevoir et à mémoriser des groupes aléatoires d'objets : « Si vous lancez une poignée de billes sur le sol, il vous sera difficile d'en compter plus de six ou sept du premier coup d'œil sans risque d'erreur. »

Dès qu'il existe une relation entre soi et l'information, il est plus facile de l'enregistrer. Un exemple extrême de ce lien est la coutume des anciens Grecs d'amener les enfants à la limite de la cité et de leur donner une bonne correction, afin que la notion de frontière à ne pas franchir s'inscrive durablement dans leur mémoire.

Parmi les huit questions de la page 31, vous avez sans doute été capable de vous souvenir du temps qu'il faisait lors de votre dernière promenade à cause du plaisir procuré par le soleil ou de la déception causée par la pluie. Il en va de même pour l'épisode embarrassant de votre histoire. En fait, toutes les émotions – gêne, honte, colère, tristesse, joie, etc. – alimentent la mémoire et peuvent être utilisées pour l'améliorer.

Cerveau humain et ordinateurs

La mémoire humaine diffère de celle des ordinateurs. Elles ont chacune leurs points forts et leurs faiblesses.

Dans le test des mots, vous vous êtes probablement bien souvenu des premiers, parce que votre esprit était alors en alerte, ainsi que des derniers, car aucune information nouvelle ne vous perturbait. Vous avez sans doute eu plus de mal à retenir les termes du milieu. Il en est de même pour tous les processus d'apprentissage, aussi est-il recommandé de prêter une plus grande attention aux éléments médians.

Le meilleur ordinateur
Si puissant soit-il, aucun ordinateur n'égale les capacités de la mémoire et du cerveau humains.

Les ordinateurs ne connaissent pas ce problème : leurs performances sont constantes. En ce sens, on peut les juger supérieurs au cerveau humain. Il y a toutefois des circonstances où celui-ci se révèle nettement plus efficace. Ainsi, n'avez-vous eu aucune peine à répondre aux questions 3 et 7 de la page 31. À la différence d'un ordinateur, il ne vous a pas été nécessaire de passer en revue tous les numéros de téléphone stockés dans votre mémoire pour aboutir à la conclusion que le nom de Léonard de Vinci ne figure dans aucun annuaire. Vous n'avez eu pour cela qu'à faire appel à votre bon sens. De la même manière, vous n'avez pas dû consulter votre dictionnaire mental pour savoir que « blemf » n'est pas un mot de la langue française.

Ces tests visaient à vous montrer pourquoi la mémoire fonctionne en certaines occasions et échoue en d'autres. Les exercices suivants vous aideront à mieux utiliser les capacités de votre cerveau et à rendre les informations qu'il reçoit compatibles avec son fonctionnement.

ÉCHAUFFEMENT

CE CHAPITRE A ÉTÉ CONÇU POUR VOUS PRÉPARER AUX EXERCICES D'AMÉLIORATION DE LA MÉMOIRE QUI LUI FONT SUITE. IL VOUS AIDERA AUSSI À VOUS METTRE DANS UN ÉTAT D'ESPRIT PROPICE À UNE MEILLEURE UTILISATION DE VOTRE CERVEAU.

En guise de préambule

VOUS SAVEZ MAINTENANT QUE, POUR S'INSCRIRE DANS VOTRE MÉMOIRE, UNE INFORMATION DOIT SUGGÉRER DES IMAGES LOGIQUEMENT ARTICULÉES, INHABITUELLES OU ÉMOTIONNELLES. GARDEZ CES CARACTÉRISTIQUES À L'ESPRIT LORSQUE VOUS APPRENEZ DE NOUVELLES TECHNIQUES DE MÉMORISATION.

Examinons tout d'abord de quelle façon vous utilisez votre mémoire aujourd'hui. Parmi les stratégies et les expériences suivantes, lesquelles vous sont déjà familières ?

MÉMOIRE EN LIGNE
À droite : Lors d'une conversation téléphonique, l'afflux d'informations est rapide et important : vous devez vous souvenir de noms et d'événements passés, et enregistrer simultanément des données nouvelles.

LES PENSE-BÊTES
Noter ce que l'on ne veut pas oublier est un moyen de soulager la mémoire, mais peut aussi l'amener à « se rouiller ».

JONGLER AVEC LES INFORMATIONS
Vous recevez d'importantes informations par téléphone, mais vous n'avez rien pour les noter. Vous « jonglez » alors avec les noms et les chiffres en les répétant à haute voix, tout en cherchant désespérément un crayon et du papier.

UTILISER DES PENSE-BÊTES
Vous utilisez des pense-bêtes : papiers collés sur le réfrigérateur, sacs entassés dans l'entrée pour ne rien oublier, notes écrites au dos de votre main…

FAIRE LES BONS GESTES
Lorsque vous essayez de vous souvenir de quelque chose, vous faites des gestes qui déclenchent votre mémoire, par exemple, vous frotter les tempes ou le cou, croiser les bras, vous gratter le menton…

SUR LE BOUT DE LA LANGUE
Il vous arrive souvent d'être conscient que vous savez quelque chose, mais d'être incapable de le formuler, de l'avoir « sur le bout de la langue ». De même, vous reconnaissez parfois un visage sans parvenir, malgré tous vos efforts, à mettre un nom dessus.

Les initiales
Savoir par quelle lettre commence un mot ou un nom représente le premier pas qui vous permettra de le retrouver.

Rechercher les initiales

Lorsque vous cherchez désespérément un nom, vous faites défiler l'alphabet dans votre tête. Commence-t-il par un A ? Un B ? Un C ? Très souvent, cette technique ravive votre mémoire.

Répéter l'information

Pour retenir une nouvelle information, vous la lisez plusieurs fois de suite afin de la graver dans votre mémoire.

Les tactiques d'évitement

Vous avez développé toute une série de tactiques pour éviter d'utiliser votre mémoire : vous vous fiez à vos proches, vous répugnez à apprendre de nouvelles techniques et, par peur de vous tromper, vous vous abstenez d'appeler les gens par leur nom.

Tout ceci vous semble familier ? Votre mémoire vous paraît souvent capricieuse, et vous devez parfois fournir de gros efforts pour l'obliger à vous obéir. Ironiquement, une partie du problème vient précisément de son efficacité. En réalité, la mémoire humaine fonctionne merveilleusement bien la plupart du temps, aussi nous sentons-nous très frustrés dès qu'elle semble nous lâcher.

Bien que peu de gens aient recours à des techniques de mémorisation, les diverses stratégies mentionnées plus haut indiquent que nous utilisons tous des « trucs » pour activer notre mémoire. Ce livre va vous aider à employer les meilleures techniques dont l'efficacité a été mille fois prouvée depuis l'époque de la Grèce antique. Pour commencer, bannissez de votre vocabulaire l'expression « J'ai oublié », parce que vous pouvez vous souvenir de tout ce que vous souhaitez dès l'instant où vous réapprenez à vous servir de votre cerveau d'une manière optimale.

La pensée positive

Gardez votre calme

Plus vous êtes anxieux, moins votre mémoire fonctionne bien. Ceci est particulièrement vrai lorsque vous devez prononcer un discours dans des circonstances intimidantes, comme une réunion de travail ou un banquet de noces. Si vous contrôlez vos émotions, vous avez déjà accompli la partie la plus importante du travail !

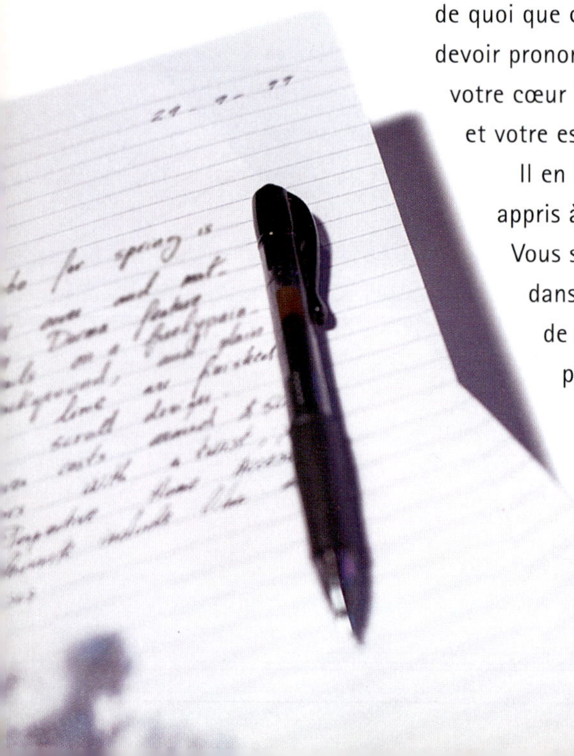

Penser d'une manière positive est important dans toutes les circonstances, mais c'est une nécessité absolue lorsque vous devez utiliser votre mémoire.

Combien de fois ne vous êtes-vous pas plaint d'avoir une mémoire défaillante ? Toutefois, pendant la lecture des premières pages de ce livre, vous avez déjà prouvé qu'elle fonctionne parfaitement. Si vous vous trouvez trop âgé ou pas assez intelligent pour améliorer vos habitudes de remémoration, pensez qu'il faut du courage pour accroître son potentiel mental, mais que le bénéfice retiré justifie amplement les efforts déployés.

L'énergie nerveuse

Mémoire et nervosité font mauvais ménage. Quand on est anxieux, il est très difficile de se souvenir de quoi que ce soit. Imaginez-vous par exemple devoir prononcer un discours à un repas de noces : votre cœur bat très fort, vos paumes sont moites et votre esprit demeure désespérément vide. Il en irait tout autrement si vous aviez appris à utiliser correctement votre mémoire. Vous sauriez exactement quoi faire pour graver dans votre esprit ce que vous avez l'intention de dire. Exempt de toute anxiété, vous seriez parfaitement maître de vous... et de votre discours. Une personne qui sait pouvoir

compter sur sa mémoire est sûre d'elle, et cette confiance lui procure de nombreux avantages, aussi bien dans son travail que dans sa vie sociale.

Cependant, fixez-vous des objectifs que vous êtes en mesure d'atteindre. Si vous mettez la barre trop haut, en voulant faire trop bien et trop vite, vous craindrez un échec et, inévitablement, vous le provoquerez. Cela renforcera votre sentiment d'impuissance, vous perdrez confiance en vous, et vous ne serez pas tenté de relever de nouveaux défis.

En haltérophilie, soulever 226,80 kg fut très longtemps considéré comme un exploit impossible à réaliser. L'athlète Vassili Alexeïev s'était approché à plusieurs reprises de cette charge, mais n'avait jamais réussi à l'atteindre. Un jour, ses entraîneurs lui demandèrent d'égaler son propre record du monde, soit 226,75 kg, ce qu'il fit sans difficulté. Ce fut seulement en reposant les haltères qu'il apprit que ses entraîneurs leur avaient ajouté, sans le lui dire, 0,75 kg, et qu'il avait soulevé 227,50 kg. La limite prétendument infranchissable avait été franchie ! Quelques années plus tard, lors des jeux Olympiques de 1976, Alexeïev souleva 255,80 kg.

Une conscience trop aiguë de nos limites peut nous empêcher de les dépasser. À l'inverse, les techniques présentées dans ce livre opèrent dans le domaine de l'imaginaire, où tout est toujours possible. Elles vous permettent de croire en votre réussite. Elles vous mettent également dans le meilleur état d'esprit possible pour relever n'importe quel défi psychique. Plutôt que vous inciter seulement à avoir confiance en vous, elles vous donnent les moyens de dépasser des limites que vous croyez être les vôtres.

APPRENEZ À VOUS DÉTENDRE
Si vous êtes physiquement et psychiquement détendu, il vous sera bien plus facile d'apprendre à améliorer votre mémoire.

LA RELAXATION

La première étape consiste à vous détendre et à vous concentrer sur la tâche à accomplir. L'imagination est la clé de la relaxation aussi bien que de la mémoire, aussi, préparez-vous à lâcher la bride à la vôtre !

Essayez de vous voir dans un lieu calme et reposant. Si vous pouviez y être transporté en une seconde, quel endroit choisiriez-vous ? Consacrez une minute ou deux à le visualiser dans tous ses détails et à en apprécier les avantages. Y êtes-vous parvenu ? Cet exercice vous a peut-être semblé difficile, mais ne vous en effrayez pas. D'autres suivront au fil des pages, qui vous aideront à vous relaxer encore plus et à utiliser encore mieux votre imagination.

Jouez avec votre imagination

ASSUREZ-VOUS QUE VOUS ÊTES CONFORTABLEMENT INSTALLÉ. FACILITER LES CHOSES EST LE SECRET DE TOUTE BONNE MÉMOIRE, AUSSI, NE NÉGLIGEZ JAMAIS LES CONSIDÉRATIONS CONCRÈTES. VOUS SENTEZ-VOUS BIEN DANS VOTRE SIÈGE ? LA TEMPÉRATURE DE LA PIÈCE EST-ELLE AGRÉABLE, LE NIVEAU SONORE EST-IL SUPPORTABLE ? IL EST TRÈS DIFFICILE DE BIEN VISUALISER LORSQUE L'ON EST MAL À L'AISE.

Quelques visualisations...

Vous allez visualiser une boîte en carton rectangulaire. Videz votre esprit, puis dessinez les contours de la boîte dans votre tête. Imaginez que vous vous déplacez autour d'elle, que vous la soulevez et la manipulez. Concentrez-vous sur l'image qu'elle offre sous chaque angle. Donnez lui une couleur. Quelle impression cette couleur vous fait-elle ? Nos souvenirs sont liés à ce que nous ressentons quand ils s'inscrivent dans notre mémoire, aussi est-il toujours intéressant de prêter attention aux émotions qu'ils suscitent. Touchez la boîte, conférez-lui une texture, agréable ou désagréable. A-t-elle une odeur ? Lorsque vous la frappez avec vos doigts, quel bruit produit-elle ? Et si vous en mordiez un morceau, quel goût aurait-elle ?

L'imagination permet de se souvenir des choses les plus banales. Vous pouvez aussi exagérer des images, les rendre fantastiques, et même leur donner une apparence de vie.

Visualisez une automobile – pas un modèle ordinaire, mais celui le plus cher du monde. De quelle couleur est-elle ? Comment est-elle équipée ? À quoi ressemble-t-elle, quel bruit fait-elle, quelle odeur dégage-t-elle ? Imaginez ensuite un arbre, mais pas n'importe lequel : un arbre qui marche et qui parle. Animez-le. Comment se déplace-t-il ? Quels sons émet-il quand il s'adresse à vous ?

... ET DES TRANSFORMATIONS

L'imagination peut aussi transformer les choses. Revenez à la voiture, par exemple, et usez de votre pouvoir de visualisation pour la métamorphoser... en éléphant. Procédez détail par détail. Peut-être les rétroviseurs peuvent-ils devenir d'énormes oreilles ; les roues, se tordre et s'allonger en forme de pattes ; le volant peut donner naissance à une trompe et le pot d'échappement à une petite queue...

SOUS TOUTES LES COUTURES

À gauche : Lorsque vous utilisez votre imagination, vous devez parvenir à créer un espace de réalité virtuelle, dans lequel votre pouvoir de visualisation peut agir si efficacement que vous avez l'impression de vivre et de ressentir ce que vous inventez.

CRÉEZ DES IMAGES MENTALES

VOTRE IMAGINATION VOUS PERMET DE MANIPULER LES INFORMATIONS ET D'EN FAIRE CE QUE VOUS VOULEZ. IMAGINEZ-VOUS DÉTRUIRE CHACUN DES OBJETS CI-DESSOUS D'UNE MANIÈRE PARTICULIÈREMENT FRAPPANTE, PAR EXEMPLE, EN FAISANT JAILLIR LES RESSORTS DU RÉVEIL, OU EN LAISSANT TOMBER LA TIRELIRE DU SOMMET D'UNE TOUR.

APRÈS AVOIR IMAGINÉ LA DESTRUCTION DE CES QUINZE OBJETS, RECOUVREZ-LES AVEC UNE FEUILLE DE PAPIER, PUIS REGARDEZ LES QUINZE IMAGES CI-DESSOUS. PARMI ELLES, IL Y A TROIS NOUVEAUX OBJETS : POUVEZ-VOUS LES IDENTIFIER ?

VOUS N'AVEZ SANS DOUTE EU AUCUNE DIFFICULTÉ À REPÉRER LES TROIS NOUVEAUX OBJETS DE LA SECONDE SÉRIE, PARCE QU'AUCUN LIEN N'AVAIT ÉTÉ CRÉÉ AUPARAVANT ENTRE EUX ET VOTRE MÉMOIRE.

APPRENEZ À OUBLIER

L'UNE DES MÉMOIRES LES PLUS PRODIGIEUSES DE L'HISTOIRE FUT CELLE DE CHERECHEVSKI, DONT LES PROUESSES FURENT ÉTUDIÉES PAR LE GRAND PSYCHOLOGUE RUSSE ALEXANDRE ROMANOVITCH LOURIA. CHERECHEVSKI POUVAIT SE SOUVENIR D'UNE FORMULE COMPLEXE DES ANNÉES APRÈS L'AVOIR LUE UNE SEULE FOIS. IL SE RAPPELAIT DE PAGES ENTIÈRES DE TEXTE. IL ÉTAIT CAPABLE D'APPRENDRE PAR CŒUR, RIEN QU'EN LES LISANT, DE LONGUES LISTES DE NOMBRES ALÉATOIRES.

Cherechevski était atteint de synesthésie, une affection dans laquelle les cinq sens semblent se chevaucher. Il percevait tout en détail. Pour lui, les noms avaient des couleurs, les mots, des textures, les nombres, des odeurs. Les informations n'étant pas abstraites dans son esprit, il n'en oubliait aucune.

Comme il se souvenait de trop de choses, il dut apprendre à en éliminer certaines en imaginant qu'il les écrivait sur du papier auquel il mettait ensuite mentalement le feu : cessant d'être concrètes, elles risquaient moins de se graver dans son esprit. Contrairement à la plupart des gens, le fait de prendre des notes était pour lui le meilleur moyen d'oublier.

DU BON USAGE DE LA MÉMOIRE
Les techniques de mémorisation fondées sur l'imagination permettent de se souvenir avec exactitude uniquement de ce que l'on doit savoir à un moment donné, en activant puis en désactivant l'information.

PRÉPAREZ-VOUS À RÉUSSIR
Effectuez un nouveau voyage mental jusqu'à votre lieu de détente favori. Utilisez tout ce que vous avez appris pour profiter le plus pleinement possible de l'expérience. Servez-vous de tous vos sens. Imaginez les couleurs, les formes, les sons et les sensations éprouvés. Admirez le panorama dans son ensemble, puis choisissez un point de vue. Décidez de quelle façon vous êtes assis et ce que ressent précisément chaque partie de votre corps. Quelle est la température ambiante ? Y a-t-il une légère brise ? Quelles odeurs et quels bruits percevez-vous ? Dans quel état d'esprit vous sentez-vous ?

Laissez votre corps et votre esprit se détendre à mesure que vous créez et animez ce décor. Vous voici en position de réussite optimale pour affronter les exercices qui suivent.

TEST DE PROGRESSION N° 2

PROFITEZ DE VOTRE ÉTAT DE DÉTENTE POUR VOUS CONCENTRER SUR LES EXERCICES SUIVANTS.

LISTE DE MOTS

LISEZ ATTENTIVEMENT LES MOTS CI-CONTRE, EN VOUS ARRÊTANT QUELQUES SECONDES SUR CHACUN. AU FIL DE VOTRE PROGRESSION, CRÉEZ UNE IMAGE MENTALE DE CHAQUE OBJET EN VOUS AIDANT DE SA PHOTOGRAPHIE : AMPLIFIEZ-LA, RENDEZ-LA MINUSCULE OU ÉNORME, DONNEZ-LUI UNE FORME ÉTRANGE OU DES COULEURS VIVES. FAITES APPEL À TOUS VOS SENS ET À VOS ÉMOTIONS PROFONDES POUR DONNER VIE À CHACUN DES MOTS.

LORSQUE VOUS AVEZ TERMINÉ, TOURNEZ LA PAGE POUR TESTER VOTRE MÉMOIRE.

PAIRES DE MOTS

CET EXERCICE VISE À TESTER VOTRE APTITUDE À VOUS SOUVENIR DE MOTS ASSOCIÉS. UTILISEZ VOTRE IMAGINATION POUR VISUALISER CHAQUE OBJET CI-CONTRE, EN ÉTABLISSANT UNE RELATION ENTRE LES DEUX MOTS DE CHAQUE PAIRE. ICI, IL N'Y A PAS D'IMAGES SUR LESQUELLES VOUS POURRIEZ VOUS APPUYER, AUSSI DEVREZ-VOUS DEMANDER PLUS D'EFFORTS À VOTRE ESPRIT.

VOUS POUVEZ IMAGINER LES DEUX OBJETS LIÉS ENTRE EUX DE FAÇON ÉTRANGE, OU REPOSANT L'UN SUR L'AUTRE. VOUS POUVEZ AUSSI VISUALISER L'UN D'EUX EXPLOSANT POUR LIBÉRER L'AUTRE, OU PRENANT PEU À PEU SA FORME. UNE FOIS QUE VOUS AVEZ FINI, TOURNEZ LA PAGE POUR VÉRIFIER LE RÉSULTAT DE VOS ASSOCIATIONS.

disque	valise	coussin
laitue	peinture	petits pois
ongle	botte	château
sac	cygne	chocolat
cheveu	montre	lait
crayon	caméra	escalier
lune	serpent	buisson
main	sandwich	bébé
scène	bicyclette	caravane
mer	ruban	cravate

Quels sont vos résultats

VOUS ALLEZ POUVOIR MAINTENANT VÉRIFIER VOS PROGRÈS. RESTEZ CALME, ET LES INFORMATIONS VOUS VIENDRONT AISÉMENT À L'ESPRIT. SI VOUS AVEZ UN TROU DE MÉMOIRE, ACCORDEZ-VOUS UNE PAUSE, PUIS RECOMMENCEZ.

Liste de mots

COMBIEN DES QUINZE MOTS DE LA LISTE AVEZ-VOUS RETENUS ? ÉCRIVEZ-LES DANS L'ORDRE DANS LEQUEL ILS VOUS VIENNENT À L'ESPRIT. CONCENTREZ-VOUS SUR CE QUE VOUS RESSENTEZ À L'INSTANT OÙ CHAQUE MOT VOUS REVIENT EN MÉMOIRE. RETROUVER UN SOUVENIR PEUT DEVENIR AUSSI NATUREL QU'ATTRAPER UN BALLON.

....

....

....

....

....

....

....

....

....

....

....

....

....

....

....

Paires de mots

TOUT D'ABORD, ÉCRIVEZ SUR UN PAPIER LES PAIRES DE MOTS DONT VOUS VOUS SOUVENEZ, EN VOUS CONCENTRANT SUR CE QUE VOUS RESSENTEZ QUAND ELLES VOUS VIENNENT À L'ESPRIT. ENSUITE, FAITES L'EXERCICE DIFFÉREMMENT, EN COMPLÉTANT LA LISTE CI-DESSOUS.

valise ....

botte ....

montre ....

serpent ....

bicyclette ....

disque ....

ongle ....

cheveu ....

lune ....

scène ....

coussin ....

château ....

lait ....

buisson ....

caravane ....

L'histoire de Paul

LISEZ CE TEXTE UNE FOIS. VOUS SEREZ INTERROGÉ À SON SUJET PLUS LOIN DANS CE LIVRE.

Samedi matin, Paul alla au centre commercial acheter du lait. Il se gara sur le parking, puis prit l'ascenseur afin de monter au premier étage. Sa première destination fut la banque, où il retira un peu d'argent. Il gagna ensuite la boutique du photographe pour récupérer ses clichés de vacances et se procurer des pellicules. Il avait passé une semaine à Paris ; ses meilleures prises de vues étaient la tour Eiffel, l'Arc de triomphe et Notre-Dame.

Après, il se rendit à la librairie dans l'espoir d'y trouver des ouvrages inédits sur ses sujets préférés : la navigation et la peinture. Il eut de la chance, car il y avait un nouveau livre sur les yachts de haute mer, ainsi que la dernière biographie de Léonard de Vinci, avec une reproduction de *la Joconde* en couverture. Il les acheta, de même qu'un guide sur le Japon, où il devait se rendre prochainement pour assister à une conférence.

Il s'arrêta ensuite prendre un café et un sandwich, qu'il consomma en faisant les mots croisés du journal. Finalement, il entra dans un magasin d'informatique et acheta des piles pour son ordinateur portable. Avant de gagner la caisse, il examina les ordinateurs et discuta avec un vendeur des logiciels les plus récents.

RÉSUMONS-NOUS

ENTRAÎNER SA MÉMOIRE N'EST PAS DIFFÉRENT D'ENTRAÎNER SON CORPS : DANS LES DEUX CAS, UN ÉCHAUFFEMENT EST NÉCESSAIRE. AU PLAN PSYCHIQUE, IL CONSISTE ESSENTIELLEMENT À APPRENDRE À SE RELAXER.

L'AMÉLIORATION DE VOTRE MÉMOIRE aura peu à peu des conséquences positives sur toute votre existence. Vous prendrez confiance en vous, vous aurez des pensées positives et vous serez libéré de l'anxiété. Une fois que vous aurez pris le contrôle de votre esprit, aucune information importante dont vous avez besoin de vous souvenir ne vous échappera plus jamais.

Commencez le travail d'optimisation de votre mémoire en apprenant à vous détendre. Ce n'est que lorsque vous êtes exempt de stress que vous pouvez donner libre cours à votre imagination. L'imagination et la visualisation sont essentielles au bon fonctionnement de la mémoire, car elles associent des images vivantes ou des sentiments à des informations qui resteraient autrement abstraites. Plus vous êtes détendu, plus grande est votre capacité à développer et à manipuler des images mentales, qui font que les informations que vous désirez retenir se gravent durablement dans votre mémoire.

UNE MÉMOIRE STRUCTURÉE

VOTRE CONFIANCE EN VOUS AUGMENTERA LORSQUE VOUS AUREZ COMPRIS DE QUELLE MANIÈRE FONCTIONNE VOTRE MÉMOIRE ET COMMENT ORGANISER VOTRE PENSÉE. TOUT COMME DANS UNE ENCYCLOPÉDIE OU DANS DES CLASSEURS, VOTRE MÉMOIRE STOCKE LES INFORMATIONS DANS DES AIRES BIEN DÉFINIES. APPRENEZ COMMENT VOTRE ESPRIT TRAVAILLE LE PLUS EFFICACEMENT, ET VOUS POURREZ VOUS DOTER D'UNE MÉMOIRE STRUCTURÉE.

Structures et cadres mentaux

PARFAITEMENT DÉTENDU, CONCENTRÉ ET SÛR DE VOUS, VOUS ÊTES MAINTENANT CONSCIENT DU POUVOIR DE VOTRE IMAGINATION ET PRÊT À CRÉER LES STRUCTURES MENTALES QUI VOUS AIDERONT À TIRER LE MEILLEUR PARTI DE VOTRE MÉMOIRE. UNE FOIS FAMILIARISÉ AVEC L'EMPLOI DE CES STRUCTURES, VOUS POURREZ Y RANGER TOUTES LES INFORMATIONS QUE VOUS VOUDREZ.

Mémoire spatiale
Le globe terrestre illustre de façon claire le concept de carte mentale.

Nous percevons le monde qui nous entoure au travers de nos structures mentales. Considérez, par exemple, l'agglomération où vous vivez. Par quelle carte mentale est-elle représentée dans votre tête ? Si vous empruntez chaque jour un trajet particulier, cette carte est probablement construite autour de lui. La forme de votre carte mentale, sa superficie et son orientation dépendent essentiellement de vos expériences et de vos priorités. D'autres personnes peuvent se faire une idée totalement différente du même lieu, en fonction de leurs chemins habituels, des endroits où elles s'arrêtent et des secteurs qu'elles ont découverts en premier.

La mémoire spatiale

La mémoire spatiale est une chose tout à fait naturelle. De nombreuses personnes n'ont aucune peine à se rappeler de l'endroit où se trouve un passage précis dans un livre, même si elles ne se souviennent pas exactement de sa teneur. Elles peuvent même visualiser la page concernée et dire si l'information qu'elles cherchent est située à droite ou à gauche, en haut ou en bas, dans le texte, dans un encadré ou dans une note. D'autres « voient » les nombres ou les dates sous forme de visualisation dans l'espace, comme une ligne horizontale allant de 1 à 10, suivie d'une ligne verticale allant de 10 à 20, ou les mois de l'année se succédant sur un cercle.

L'idée d'utiliser la perception spatiale pour stimuler la mémoire remonte à la Grèce antique. Selon

Visualiser les nombres
Il est parfois plus facile de traiter les informations numériques en visualisant les nombres dans son esprit, ou en les écrivant sur une feuille de papier.

la légende, les centaines d'invités d'un gigantesque banquet, organisé par un certain Scopas, furent tués lors de l'effondrement du toit du bâtiment. Une seule personne survécut, un poète nommé Simonide de Céos, qui fut capable d'identifier chacune des victimes. Parce qu'il pratiquait la méthode qui consiste à transformer les informations que l'on veut retenir en images mentales et à situer ces images par rapport à des lieux (une rue, un emplacement dans une maison, etc.), Simonide put citer le nom de tous ceux qui avaient péri dans l'accident, en fonction de la place occupée par les corps.

LES STRUCTURES MENTALES

Ce procédé fut établi en un système connu sous le nom de technique de la « salle romaine ». De nombreux Romains de toutes origines semblent avoir utilisé pour cela un ouvrage intitulé *Ad Herennium*, qui enseignait la mémorisation par la création de cadres mentaux fondés sur l'espace.

À la Renaissance, cette méthode fut appliquée au théâtre. Le philosophe et dramaturge Giulio Camillo inventa un « théâtre de la mémoire » : le public, depuis la scène, regardait des tréteaux disposés dans la salle selon un ordre susceptible de lui laisser un souvenir durable. Pour mémoriser de grandes quantités de données, Camillo aurait créé de nombreuses « architectures » mentales, ornées d'une foule d'images judicieusement placées.

Il est vraisemblable que le théâtre du Globe, où étaient jouées les pièces de Shakespeare, était conçu afin de stimuler la mémoire du public. Les spectateurs devaient suivre des intrigues souvent complexes, durant parfois plusieurs heures, avec très peu de costumes, d'accessoires et de mise en scène. C'est la structure du théâtre elle-même qui devait leur fournir des repères afin qu'ils comprennent mieux ce qu'ils voyaient. Les apparitions des acteurs se faisaient à des endroits particuliers, et chaque partie de la construction évoquait un des thèmes de l'œuvre représentée.

Apprendre à créer vos propres structures mentales peut révolutionner votre vie. Cela vous permettra de vous souvenir des informations dont vous avez besoin, améliorant ainsi vos performances dans tous les domaines de l'existence. Structurer sa mémoire revient à utiliser la façon dont l'esprit travaille naturellement.

LES STRUCTURES ÉLECTRONIQUES
Les circuits électroniques sont un exemple d'informations bien rangées. Chaque fonction occupe une aire définie, qui peut être étendue ou réduite selon les besoins.

La construction des structures de base

Vous pouvez créer vos structures mentales en vous inspirant de sites que vous connaissez bien. Choisissez par exemple l'immeuble où vous travaillez, le centre commercial voisin ou votre lieu de vacances préféré. Le but est d'utiliser des décors familiers afin d'accueillir de nouvelles informations.

Chaque structure doit comporter au maximum dix zones distinctes, aussi différentes que possible les unes des autres. Si l'endroit sélectionné est plus détaillé dans la réalité, simplifiez-le en dix secteurs faciles à mémoriser.

Le passage d'une zone à l'autre doit être très simple. Il est souvent utile d'en faire un croquis au moment où vous le concevez, de manière à inscrire sa représentation spatiale dans votre mémoire. Optez toujours pour le chemin le plus évident, afin de le suivre rapidement par la suite.

Après avoir déterminé les dix zones et le trajet qui les relie, remplissez chacune d'elles avec des images. Celles-ci peuvent évoquer des noms, des mots, des nombres, des idées, des dates, des activités, des règles, des directions... tous les types d'information dont vous pouvez avoir besoin. Pour retrouver une donnée particulière, vous n'aurez plus qu'à vous déplacer mentalement dans les zones.

Les deux exemples des pages suivantes montrent comment utiliser les structures mentales. Servez-vous d'elles pour enregistrer les informations qu'elles contiennent. Faites appel à votre imagination afin de rendre ces données compatibles avec le fonctionnement de votre esprit. Associez à chaque image le plus grand nombre de détails possible, et reliez-la à une émotion. Que ressentiriez-vous si vous pénétriez réellement dans ces lieux et y découvriez toutes ces choses étranges ?

Une structure d'enfant
Une maison de poupée est un exemple parfait d'espace pouvant servir de structure mentale. Chaque pièce est conçue pour une fonction particulière, avec les objets correspondants. Au fil des années, l'agencement et le contenu de la maison se gravent durablement dans la mémoire de l'enfant.

UN EXEMPLE DE STRUCTURE

Les deux illustrations de cette page concernent la structure B, le bureau (pages 60 à 63). L'ensemble de la structure (ci-dessous) montre les pièces (zones) prêtes à accueillir un travail de mémorisation. L'utilisation d'une zone (bas de la page) indique comment des informations peuvent être rangées. Dans le cas présent, le bureau de votre patron devra vous faire penser à une glace à la vanille et à du produit-vaisselle. Le récit proposé pages 62-63 fournit un exemple de lien possible entre la structure et une série d'informations.

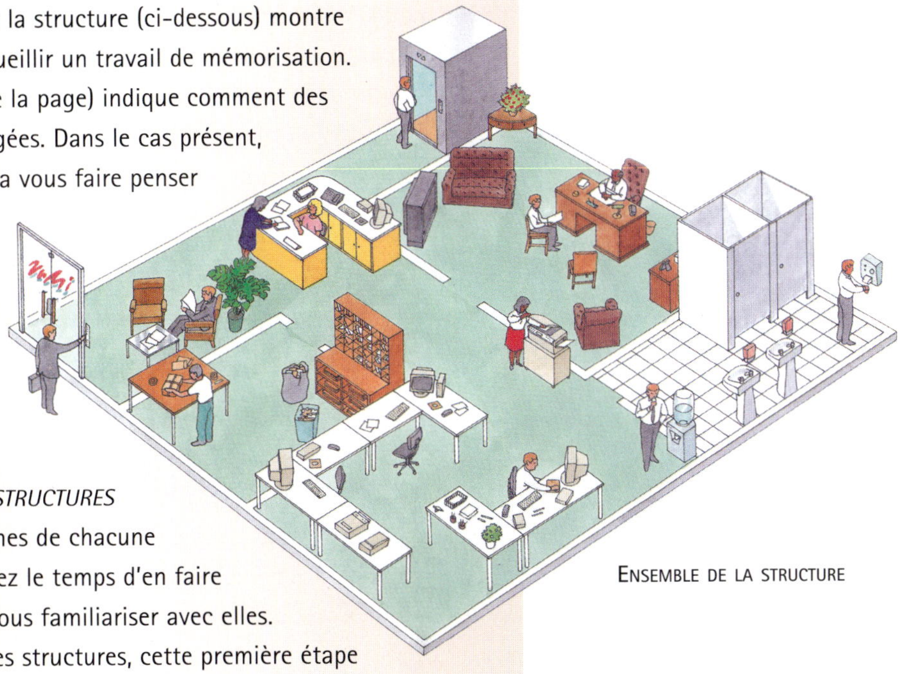

ENSEMBLE DE LA STRUCTURE

COMMENT UTILISER LES DEUX STRUCTURES

Lisez la description des dix zones de chacune des deux structures, puis prenez le temps d'en faire mentalement le tour afin de vous familiariser avec elles. Quand vous créerez vos propres structures, cette première étape sera entièrement l'œuvre de votre imagination. Une fois que vous connaissez le trajet, refaites-le à l'envers, de la zone 10 à la zone 1, pour vous assurer que vous l'avez bien intégré. Lorsque la structure est bien présente dans votre esprit, lisez comment l'utiliser et transformer les informations en images. Mémorisez chacune d'elles à sa place, puis lancez-vous dans la visite des lieux. Vous serez étonné de découvrir à quel point il vous est facile de retrouver les informations originelles.

UTILISATION D'UNE ZONE

9 LE BUREAU DE VOTRE PATRON

Glace à la vanille et produit-vaisselle

Votre patron est trop occupé pour s'apercevoir de votre présence car il déguste une glace à la vanille. Dès qu'il a terminé, ils se lave les mains avec un produit-vaisselle très actif, et la mousse emplit son luxueux bureau.

STRUCTURE A : LA MAISON

CETTE STRUCTURE UTILISE UN RÉCIT POUR VOUS AIDER À VOUS SOUVENIR D'UN CERTAIN NOMBRE DE SPORTS. ELLE EST DIVISÉE EN DIX ZONES. LA PREMIÈRE ÉTAPE CONSISTE À VOUS FAMILIARISER AVEC CHACUNE D'ELLES ET AVEC LE TRAJET QUI LES RELIE.

1 LA PORTE D'ENTRÉE

C'est là que commence votre découverte imaginaire de la maison. Vous vous trouvez en face d'un lourd battant de chêne, muni d'un heurtoir en cuivre poli. Essayez-le. Imaginez le bruit qu'il produit. La porte craque bruyamment lorsque vous l'ouvrez pour pénétrer dans la maison.

2 LE HALL

Quelle température y fait-il ? Regardez-vous un instant dans le miroir, puis enlevez votre veste et accrochez-la au porte-manteau. Otez ensuite vos chaussures avant de passer dans...

3 LE SALON

Son sol est recouvert d'une épaisse moquette. Sentez son contact agréable sous vos pieds. Accordez-vous quelques instants de détente dans le confortable canapé. Observez la pièce. Est-elle décorée selon vos goûts ? Appréciez-vous le paysage accroché au-dessus de l'âtre ?

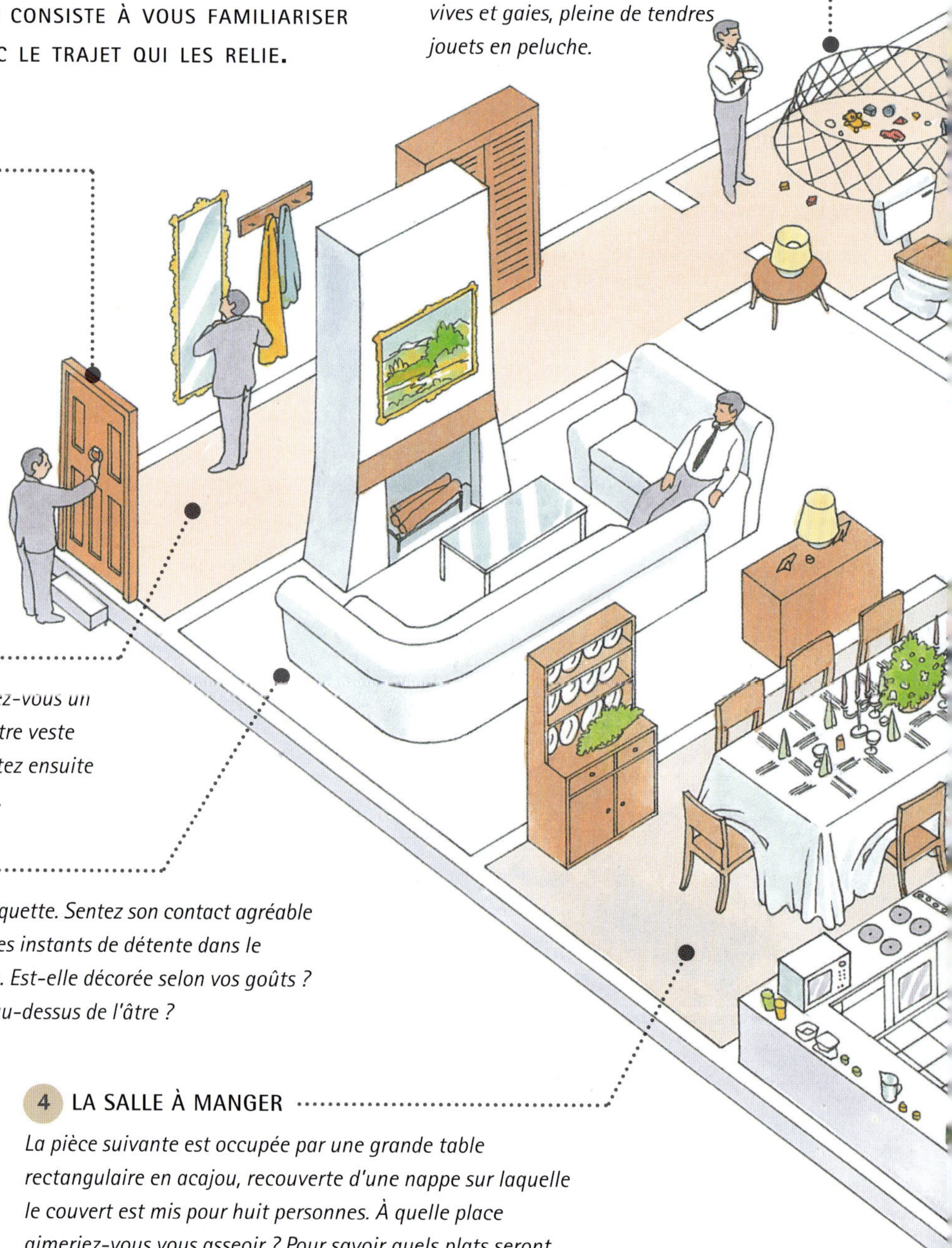

4 LA SALLE À MANGER

La pièce suivante est occupée par une grande table rectangulaire en acajou, recouverte d'une nappe sur laquelle le couvert est mis pour huit personnes. À quelle place aimeriez-vous vous asseoir ? Pour savoir quels plats seront servis aux invités, rendez-vous tranquillement dans...

10 LA CHAMBRE D'ENFANTS

C'est ici que s'achève votre visite, dans cette pièce aux murs peints de couleurs vives et gaies, pleine de tendres jouets en peluche.

9 LA SALLE DE BAINS

Vérifiez qu'elle n'est pas occupée avant d'y pénétrer. Elle est luxueuse, avec de magnifiques carreaux, des robinets étincelants et une profonde baignoire circulaire.

8 LA CHAMBRE

Allongez-vous sur l'immense lit à colonnes. Aimeriez-vous dormir ici toutes les nuits ?

7 LE BUREAU

Cette pièce abrite de nombreux livres. Y trouverez-vous vos auteurs préférés ? Laissez-vous aller dans le large fauteuil de cuir. Lorsque vous en avez assez de lire, rangez votre livre et dirigez-vous vers...

6 LA VÉRANDA

Une porte permet de passer de la cuisine à cette petite pièce vitrée, remplie de plantes vertes et de meubles en rotin. Asseyez-vous un moment pour apprécier la douce chaleur des rayons du soleil.

5 LA CUISINE

Le réfrigérateur et les placards contiennent-ils vos mets préférés ? Quels équipements aimeriez-vous posséder dans votre vraie cuisine ?

AMATEUR DE SPORTS

LORSQUE VOUS ÊTES FAMILIARISÉ AVEC LA MAISON, UTILISEZ-LA POUR MÉMORISER LA LISTE DE SPORTS CI-DESSOUS. TOURNEZ LA PAGE POUR SAVOIR COMMENT LA STRUCTURE PEUT VOUS Y AIDER.

BASKET

TENNIS

SURF DES NEIGES

HOCKEY

GOLF

BOWLING

AUTOMOBILE

PLONGÉE

CYCLISME

FOOTBALL

L'INSERTION DES INFORMATIONS

1 LA PORTE D'ENTRÉE

Une partie de basket est en cours devant l'entrée. Un panier a été fixé au-dessus de la porte, et les joueurs sautent sur la marche qui la précède pour gagner quelques centimètres en hauteur.

2 LE HALL

Deux joueurs de tennis disputent une partie dans le hall. Un filet a été tendu au travers de la pièce ; vous devez l'enjamber pour atteindre la zone suivante.

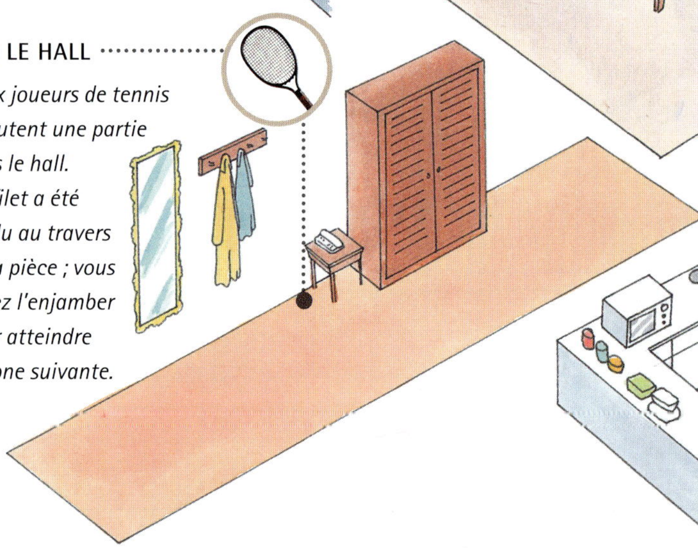

3 LE SALON

Le salon est complètement recouvert de neige. Un concours de surf des neiges est en train de s'y dérouler. Les surfeurs effectuent leurs sauts au-dessus des meubles de la pièce.

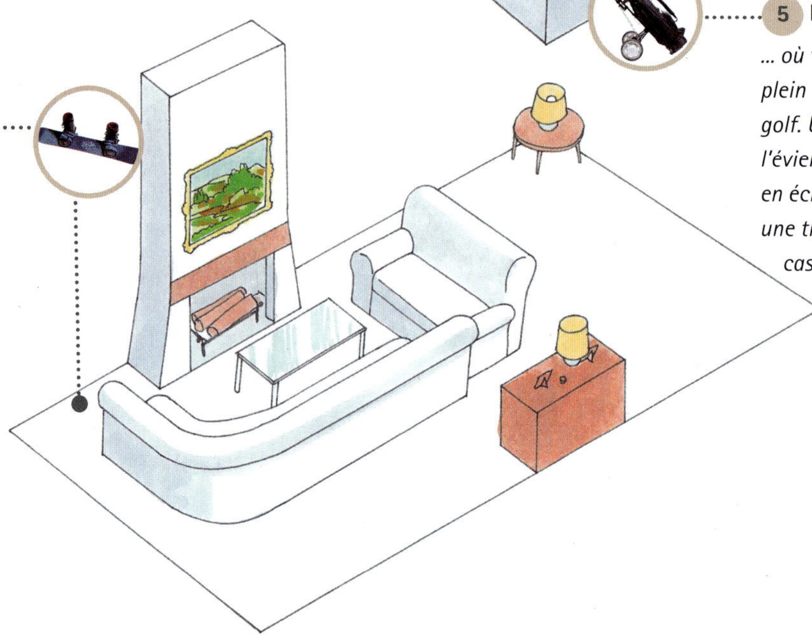

4 LA SALLE À MANGER

Vous aimeriez déjeuner dans la salle à manger, mais deux équipes de hockey se poursuivent autour de la table, faisant passer le palet entre les pieds des chaises. La pièce est glaciale, aussi gagnez-vous aussitôt...

5 LA CUISINE

... où vous vous retrouvez en plein milieu d'un tournoi de golf. Une balle atterrit dans l'évier, une autre fait voler en éclats une pile d'assiettes, une troisième tombe dans une casserole de nourriture.

6 LA VÉRANDA

Les joueurs de bowling regrettent amèrement d'avoir choisi la véranda pour faire une partie. La pièce est trop petite et trop chaude. Transpirant abondamment, ils s'affalent à tour de rôle dans les fauteuils de jardin.

9 LA SALLE DE BAINS

Les cyclistes qui occupent la salle de bains vous font de la peine : ils n'ont pas la place de rouler !

7 LE BUREAU

Le bureau a été transformé en piste de formule 1. Les véhicules font choir des piles de livres, et leurs pneus brûlent le tapis.

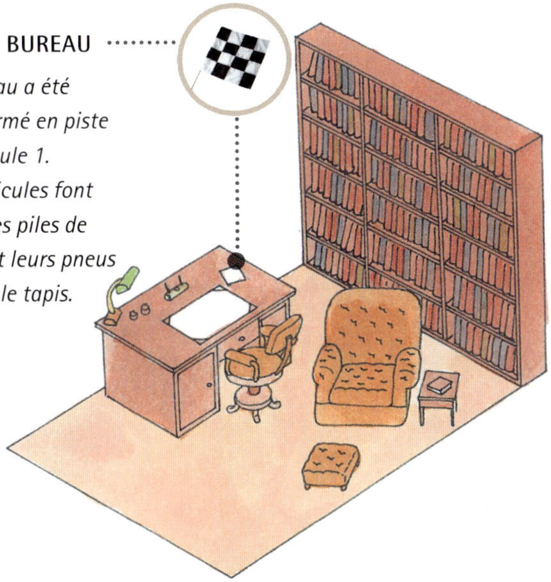

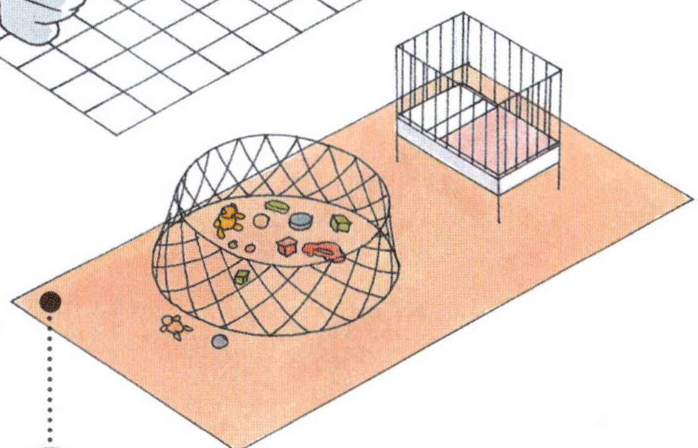

10 LA CHAMBRE D'ENFANTS

Votre visite se termine dans la chambre d'enfants, où des bébés jouent au football, en utilisant des animaux en plastique pour marquer les buts.

8 LA CHAMBRE

Vous ne pouvez pas vous allonger sur le lit à colonnes parce qu'un plongeur sous-marin et un dauphin y ont pris place, reposant l'un à côté de l'autre.

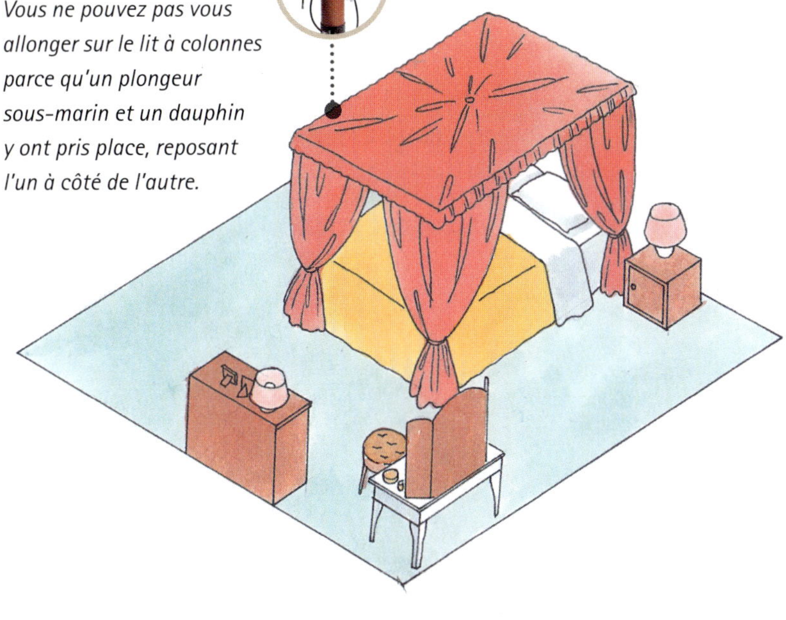

RETROUVEZ VOS INDICES

LISEZ DEUX OU TROIS FOIS CE RÉCIT, PUIS REFERMEZ LE LIVRE ET RÉCITEZ DE MÉMOIRE LA LISTE DES SPORTS DONT VOUS DEVIEZ VOUS SOUVENIR. POUR CELA, IL VOUS SUFFIT DE TRAVERSER DE NOUVEAU LES DIX ZONES DE LA MAISON IMAGINAIRE, EN RETROUVANT AU PASSAGE TOUTES LES IMAGES CLÉS DONT VOUS AVEZ BESOIN.

STRUCTURE B : LE BUREAU

CETTE STRUCTURE SE DIVISE ELLE AUSSI EN DIX ZONES DISTINCTES, MAIS LA LISTE DES CHOSES DONT IL FAUT SE SOUVENIR EST PLUS LONGUE. SERVEZ-VOUS DE VOTRE IMAGINATION POUR RENDRE VOTRE VISITE AUSSI VIVANTE QUE POSSIBLE.

1 L'ENTRÉE

Quels détails pouvez-vous remarquer ici ? Peut-être un interphone ou une serrure à code. Le nom et la raison sociale de la société sont-ils inscrits sur la porte ?

2 LE HALL

Les éléments clés de cette zone peuvent être des fauteuils, une table basse couverte de revues ou une grande plante verte.

3 LA RÉCEPTION

Sur le bureau d'accueil, on peut voir un registre, un ordinateur et un standard téléphonique.

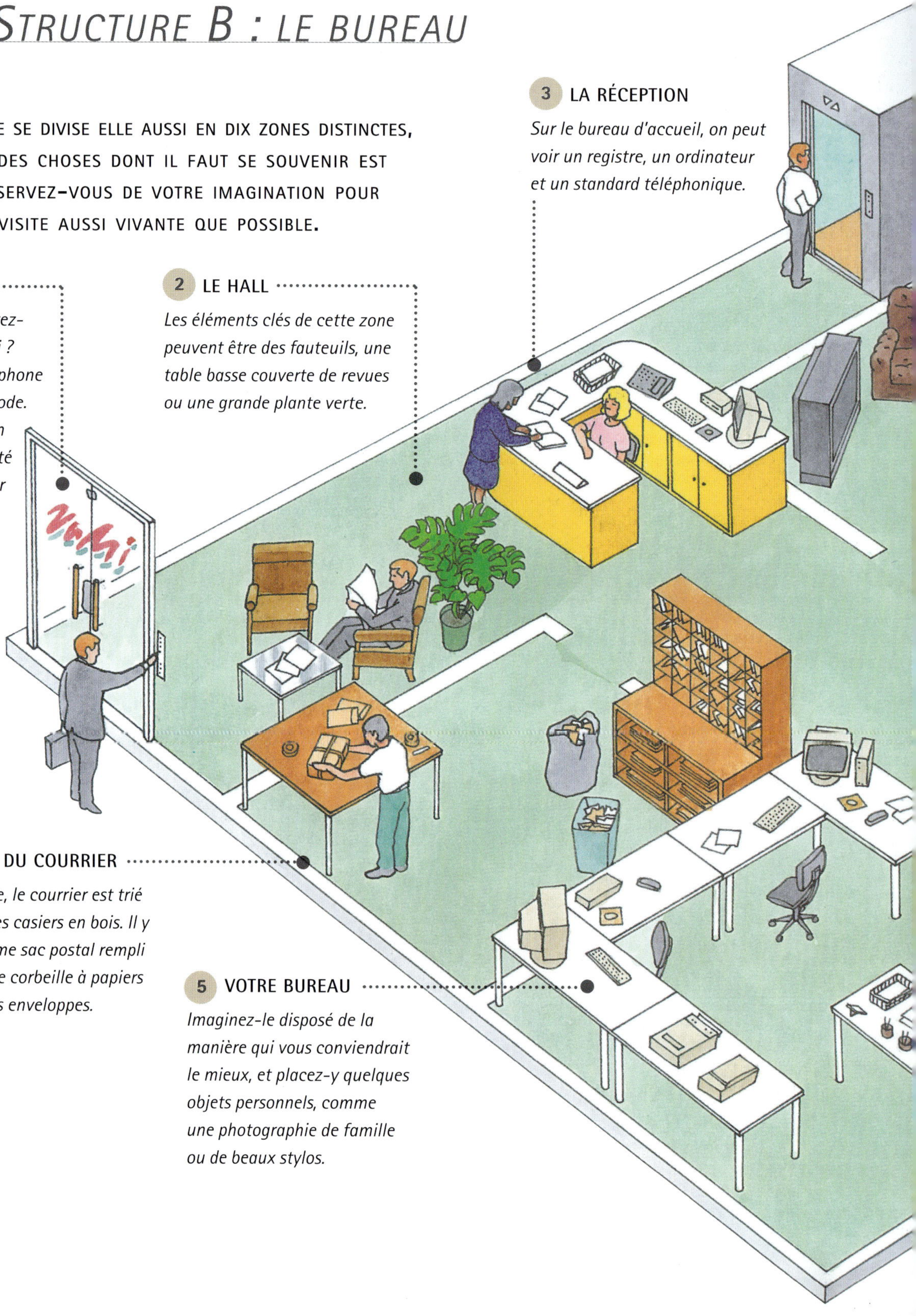

4 LA SALLE DU COURRIER

Dans cette pièce, le courrier est trié et placé dans des casiers en bois. Il y a aussi un énorme sac postal rempli de lettres, et une corbeille à papiers pleine de vieilles enveloppes.

5 VOTRE BUREAU

Imaginez-le disposé de la manière qui vous conviendrait le mieux, et placez-y quelques objets personnels, comme une photographie de famille ou de beaux stylos.

10 L'ASCENSEUR

Vous achevez votre visite en prenant l'ascenseur qui vous ramène au rez-de-chaussée. Quel bruit produit-il ? Pouvez-vous y lire des indications à suivre en cas de panne ?

9 LE BUREAU DE VOTRE PATRON

Emplissez cette vaste pièce luxueusement meublée de symboles de l'autorité : un énorme téléviseur, quelques coûteux fauteuils en cuir, un grand bureau en bois verni.

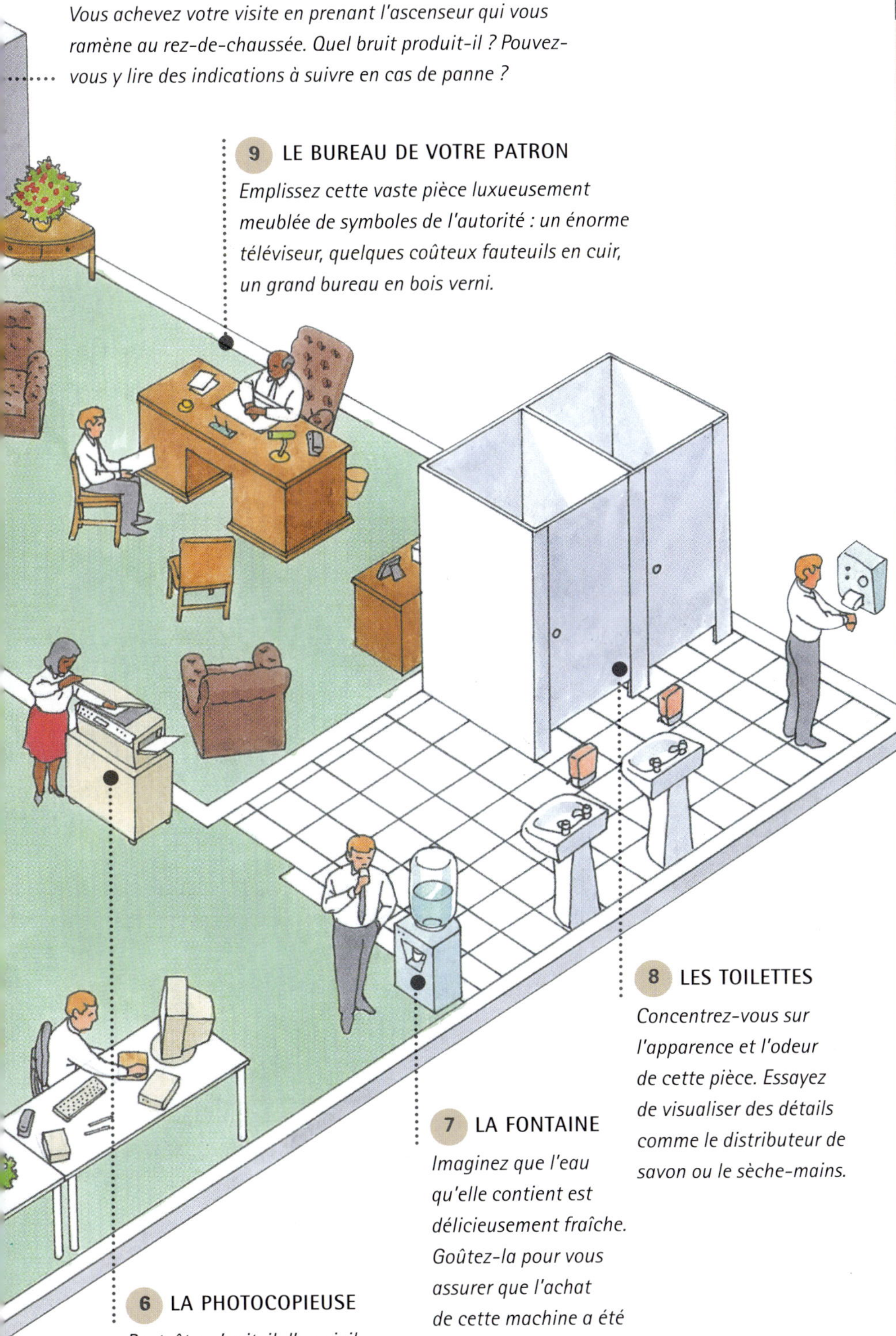

8 LES TOILETTES

Concentrez-vous sur l'apparence et l'odeur de cette pièce. Essayez de visualiser des détails comme le distributeur de savon ou le sèche-mains.

7 LA FONTAINE

Imaginez que l'eau qu'elle contient est délicieusement fraîche. Goûtez-la pour vous assurer que l'achat de cette machine a été un bon investissement.

6 LA PHOTOCOPIEUSE

Peut-être s'agit-il d'un vieil appareil qui ne fonctionne plus très bien. Quel bruit produit-il lorsque vous vous en servez ?

LA LISTE DES COURSES

UTILISEZ CETTE STRUCTURE POUR MÉMORISER LA LISTE CI-DESSOUS, PUIS TOURNEZ LA PAGE.

- VIN
- PAIN
- MAÏS
- CHOU
- ANANAS
- ORANGES SANGUINES
- RAISIN
- CREVETTES
- CAFÉ
- POMMES
- TOMATES
- BEIGNETS
- DINDE
- CHAMPIGNONS
- BANANES
- RIZ
- GLACE
- PRODUIT-VAISSELLE
- POMMES DE TERRE
- POP-CORN

LA LISTE DES INFORMATIONS À INSÉRER ÉTANT BEAUCOUP PLUS LONGUE QUE PRÉCÉDEMMENT, VOUS DEVEZ VOUS CONCENTRER DAVANTAGE SUR VOTRE STRUCTURE. SERVEZ-VOUS DU RÉCIT QUI SUIT POUR LES METTRE EN PLACE.

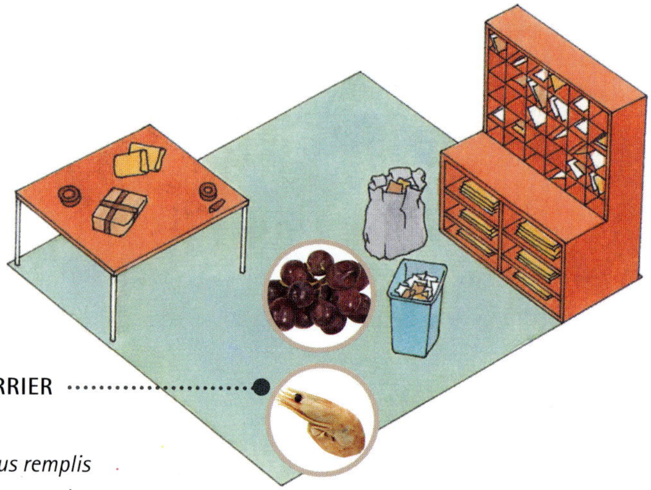

1 L'ENTRÉE

Vin et pain

Un épais filet de vin rouge vif coule de dessous la porte, qui semble elle-même faite en mie de pain.

2 LE HALL

Maïs et chou

Un énorme épi de maïs jaune vif est assis dans l'un des fauteuils. Le sol de la pièce est recouvert de centaines de feuilles de chou.

3 LA RÉCEPTION

Ananas et oranges sanguines

Un gigantesque ananas se tient à la place de la réceptionniste. Le bureau est une orange sanguine coupée en deux.

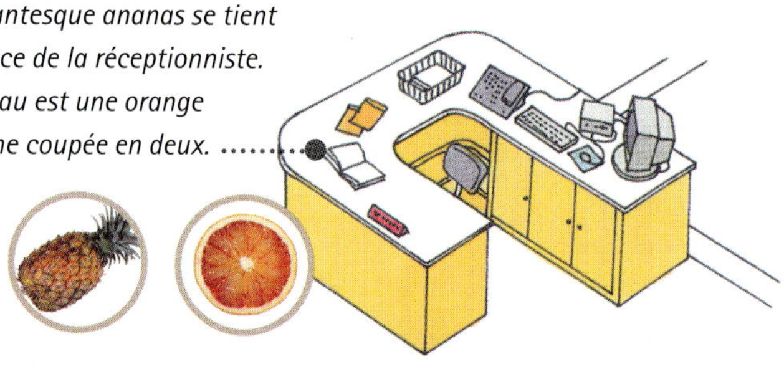

4 LA SALLE DU COURRIER

Raisin et crevettes

Les casiers en bois sont tous remplis de grappes de raisin. Le sac postal est plein à ras bord de crevettes roses.

5 VOTRE BUREAU

Café et pommes

Sur votre table de travail, à la place du matériel habituel, on voit une énorme tasse de café et une magnifique pomme rouge.

6 LA FONTAINE

Tomates et beignets

Lorsque vous glissez un gobelet sous le robinet, c'est une tomate bien rouge qui en jaillit. Vous remarquez également qu'un beignet semble danser dans le réservoir.

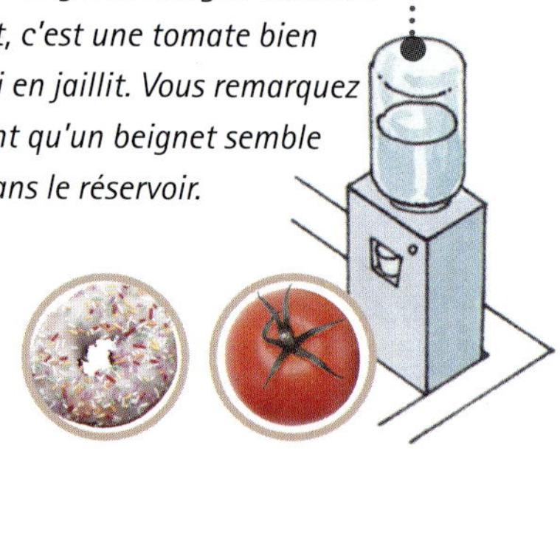

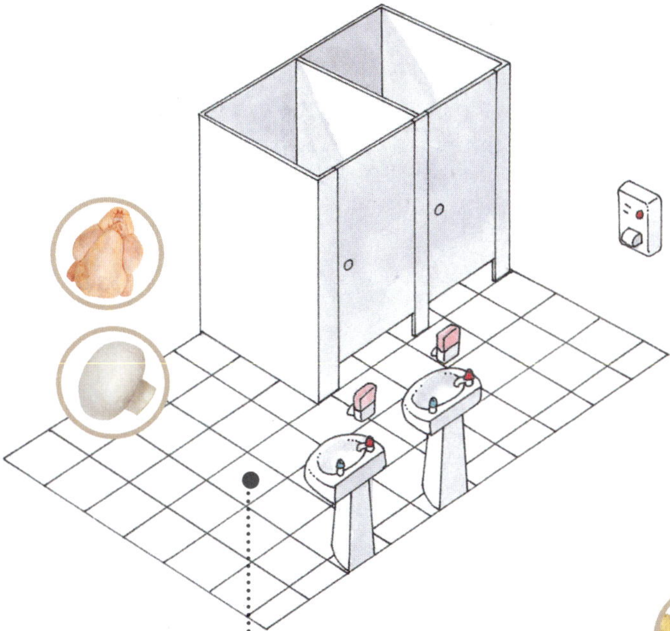

8 LA PHOTOCOPIEUSE

Bananes et riz

Quelqu'un essaie de photocopier une banane, mais la machine fonctionne mal car, au lieu de feuilles de papier, ce sont des grains de riz qui en sortent.

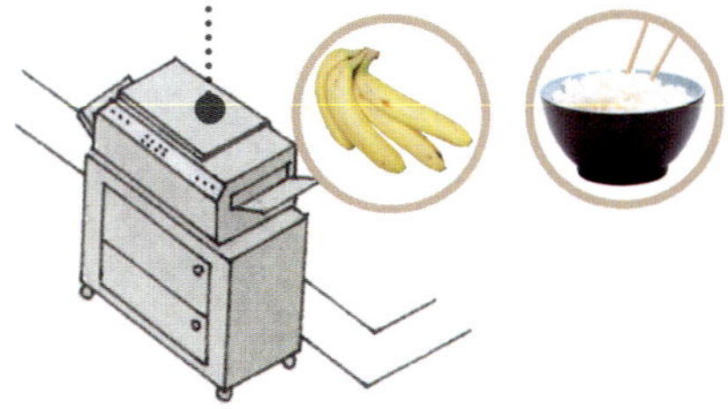

7 LES TOILETTES

Dinde et champignons

Une dinde affolée court dans la pièce. Ce n'est pas un endroit agréable pour elle, car les murs sont recouverts d'énormes champignons.

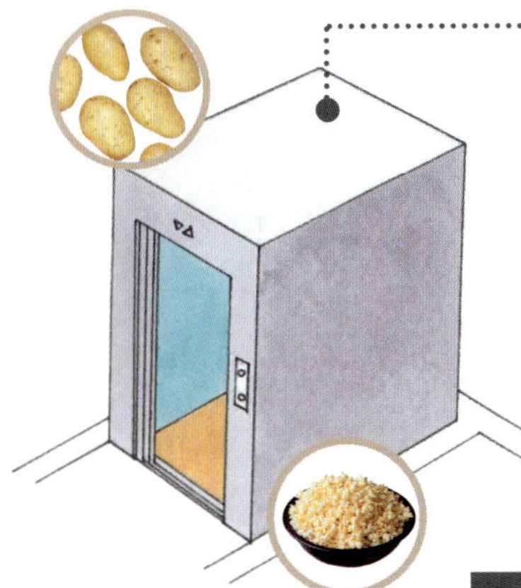

10 L'ASCENSEUR

Pommes de terre et pop-corn

Pour pénétrer dans la cabine, vous devez vous faufiler entre deux tas de pommes de terre. Le sol est recouvert d'une épaisse couche de pop-corn, qui craque bruyamment sous vos pieds.

9 LE BUREAU DE VOTRE PATRON

Glace et produit-vaisselle

Votre patron est trop occupé pour s'apercevoir de votre présence, car il déguste une glace à la vanille. Dès qu'il a terminé, il se lave les mains avec un produit-vaisselle très actif, et la mousse emplit son luxueux bureau.

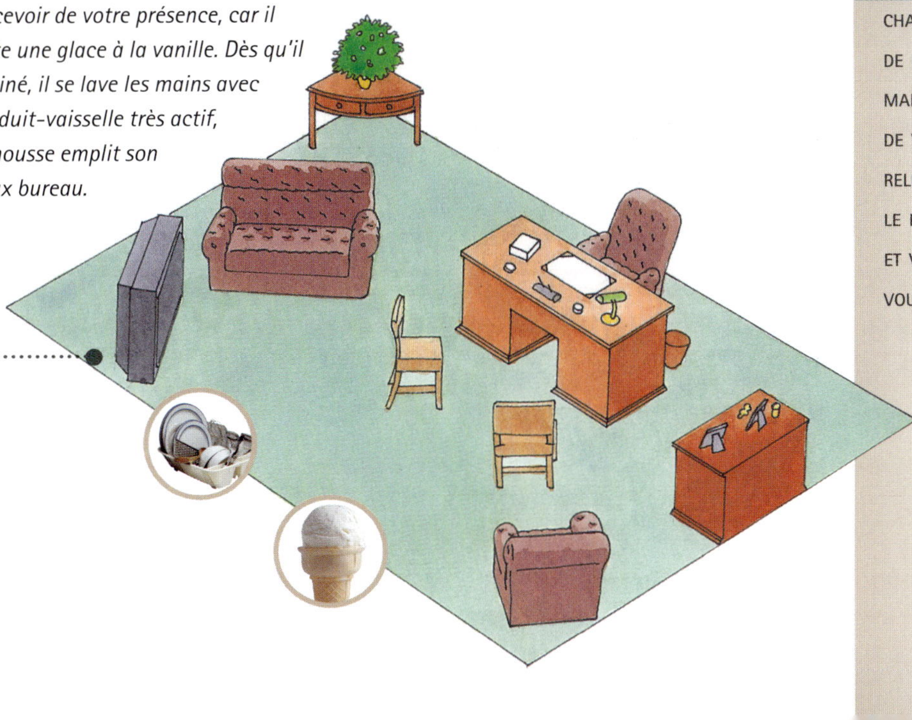

TESTEZ-VOUS

CHACUNE DES DIX PIÈCES DE LA STRUCTURE CONTIENT MAINTENANT DEUX DES OBJETS DE VOTRE LISTE DE COURSES. RELISEZ UNE NOUVELLE FOIS LE RÉCIT, PUIS FERMEZ LE LIVRE ET VOYEZ COMBIEN D'ARTICLES VOUS PARVENEZ À RETROUVER.

TEST DE PROGRESSION N° 3

POUR EFFECTUER CE TEST, ÉLABOREZ VOTRE PROPRE STRUCTURE MENTALE, OU UTILISEZ L'UN DES DEUX EXEMPLES PRÉCÉDENTS.

CRÉER UNE STRUCTURE

RAPPEL DES PRINCIPALES ÉTAPES :

- Choisissez un lieu que vous connaissez bien.
- Divisez-le en dix zones distinctes.
- Déterminez un trajet allant de la zone 1 à la zone 10.
- Dessinez ce trajet si vous en ressentez le besoin.
- Visualisez-vous en train de le parcourir.
- Effectuez le trajet à l'envers pour être sûr de le connaître.

SE RAPPELER LA LISTE

POUR MÉMORISER UNE LISTE À L'AIDE D'UNE STRUCTURE MENTALE :

- Créez une structure comme décrit ci-dessus.
- Attribuez une image à chaque objet de la liste.
- Insérez une ou plusieurs images dans chacune des dix zones.
- Imaginez des scènes qui s'inscrivent dans votre mémoire.
- Exagérez les images afin qu'elles frappent votre esprit.
- Mettez tous vos sens en jeu dans leur évocation.
- Imaginez comment vous réagiriez si ce que vous inventez se produisait.

LORSQUE VOTRE STRUCTURE EST EN PLACE, UTILISEZ-LA POUR MÉMORISER LA LISTE CI-DESSOUS.

lapin

gâteau

coquillage

café

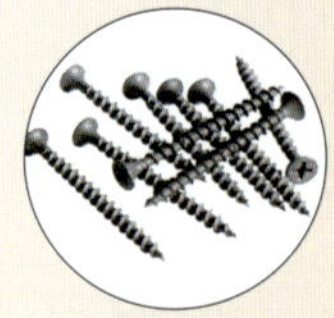
vis

poste de radio

montre

idée

bonheur

poupée

ENSUITE, DOUBLEZ LE NOMBRE D'INFORMATIONS RÉPARTIES SUR VOTRE TRAJET. PLACEZ UN SECOND MOT DANS CHAQUE ZONE, EN LE RELIANT D'UNE FAÇON QUELCONQUE AU PREMIER. VOICI LA SECONDE LISTE À MÉMORISER.

basket

satisfaction

peinture

bague

ballons

chocolat

cloche

téléphone

chaise

dépression

RÉSUMONS-NOUS

L'ESPRIT STRUCTURE ET CLASSE NATURELLEMENT LES INFORMATIONS QU'IL REÇOIT. CONSIDÉREZ VOS CARTES MENTALES DES BÂTIMENTS, DES ITINÉRAIRES OU DES VILLES QUE VOUS CONNAISSEZ. COMMENT LES DONNÉES SONT-ELLES DISPOSÉES DANS VOTRE ESPACE MENTAL ?

AUTREFOIS, LES PHILOSOPHES établissaient des liens entre les lieux et la mémoire, en concevant des voyages mentaux pour se souvenir d'un grand nombre d'informations. Vous pouvez faire de même en créant votre propre structure mentale. La technique consiste à choisir un endroit que vous connaissez bien (votre maison ou votre lieu de travail, par exemple), à le diviser en zones distinctes, puis à imaginer que vous les traversez, en vous concentrant sur des détails évocateurs.

Placez ensuite une ou deux images particulières dans chaque zone, en créant à l'aide de votre imagination des liens étroits entre les images et les zones qui les accueillent. Le secret de la réussite est de mettre en œuvre le plus de sens et d'émotions possible, donnant ainsi vie à une scène que vous ne risquez pas d'oublier. Vous pourrez, chaque fois que vous le désirerez, parcourir mentalement votre structure et y retrouver les informations que vous y avez inscrites.

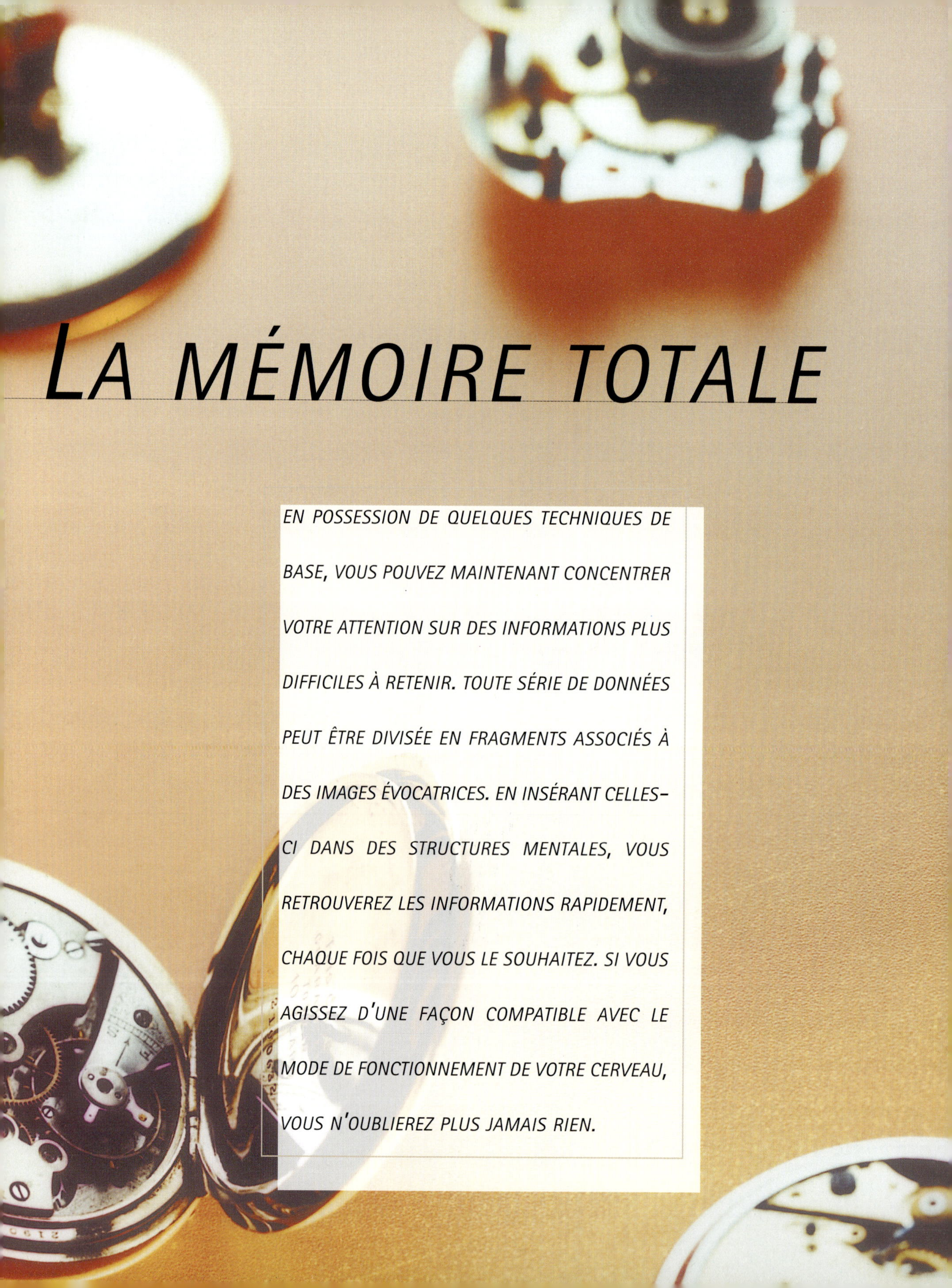

La mémoire totale

EN POSSESSION DE QUELQUES TECHNIQUES DE BASE, VOUS POUVEZ MAINTENANT CONCENTRER VOTRE ATTENTION SUR DES INFORMATIONS PLUS DIFFICILES À RETENIR. TOUTE SÉRIE DE DONNÉES PEUT ÊTRE DIVISÉE EN FRAGMENTS ASSOCIÉS À DES IMAGES ÉVOCATRICES. EN INSÉRANT CELLES-CI DANS DES STRUCTURES MENTALES, VOUS RETROUVEREZ LES INFORMATIONS RAPIDEMENT, CHAQUE FOIS QUE VOUS LE SOUHAITEZ. SI VOUS AGISSEZ D'UNE FAÇON COMPATIBLE AVEC LE MODE DE FONCTIONNEMENT DE VOTRE CERVEAU, VOUS N'OUBLIEREZ PLUS JAMAIS RIEN.

SWISS MADE

Utilisez votre imagination

PARCE QU'ELLE VOUS PERMET DE CRÉER DES IMAGES MENTALES QUI VOUS DONNENT ACCÈS AUX INFORMATIONS QU'IL VOUS FAUT RETENIR, L'IMAGINATION EST AU CENTRE DES STRATÉGIES DE DÉVELOPPEMENT DE LA MÉMOIRE. UNE SIMPLE IMAGE POUVANT SUFFIRE À ÉVOQUER TOUTE UNE CHAÎNE DE SOUVENIRS, CES TECHNIQUES SONT PARTICULIÈREMENT EFFICACES.

Ne comptez plus sur la chance ! *Le fer à cheval est un porte-bonheur traditionnel. Mais grâce aux procédés mnémotechniques proposés ici, vous n'aurez pas besoin de lui pour réussir ce que vous entreprendrez.*

Une image peut représenter n'importe quel type d'information. Vous retenez déjà un nombre considérable de données sans la moindre difficulté et souvent un bref rappel évocateur fait jaillir un souvenir qui semblait oublié. Les acteurs ont parfois besoin qu'on leur souffle une réplique, mais un seul mot suffit fréquemment à leur faire retrouver le fil du texte. De la même manière, une simple image permet de faire venir à l'esprit un flot d'informations.

Considérez les images comme des clés. Ce sont des représentations simplifiées mais suffisamment significatives qui permettent d'ouvrir les portes de votre mémoire.

Imaginez que vous devez parler de l'équitation devant une assemblée de cavaliers débutants. Même si vous connaissez votre sujet sur le bout des doigts, l'utilisation d'une série d'images clés se succédant dans un ordre précis vous permettra de vous adresser à vos auditeurs avec aisance, sans craindre de perdre le fil de votre discours. Vous devrez décomposer celui-ci en différents éléments, et attribuer à chacun d'eux une image évocatrice, que vous insérerez dans la structure mentale de votre choix.

Décomposez l'information

En préparant votre allocution, notez dans l'ordre les différents points que vous comptez aborder.

1. les coûts
2. les races de chevaux
3. la tenue du cavalier
4. l'équipement
5. monter et descendre de cheval
6. les instructeurs
7. l'alimentation des chevaux
8. la protection des sabots
9. le transport des animaux
10. les compétitions

Trouvez des images fortes pour chaque partie de votre allocution, puis répartissez-les dans les dix zones de la structure mentale choisie. Si, par exemple, vous optez pour la structure A – la maison –, débutez votre visualisation à la porte d'entrée...

... où vous découvrez des billets de banque cloués autour du chambranle. Des chevaux galopent dans le hall. Dans le salon, un homme en tenue d'équitation est assis sur le canapé, tandis qu'un luxueux harnachement vous attend sur la table de la salle à manger. Plusieurs échelles se dressent dans la cuisine. Un de vos anciens professeurs se prélasse dans la véranda. Des seaux d'avoine sont posés sur le sol du bureau. Dans la chambre, le dessus-de-lit est orné de petits fers à cheval. Une voiture en plastique flotte dans la baignoire de la salle de bains et, dans la chambre d'enfants, le berceau disparaît sous un amas de cocardes.

Au fil de votre discours, progressez mentalement dans la structure : les images clés associées à chaque pièce vous rappellent quels sujets vous voulez traiter.

Visualisez des images clés

Voici quelques exemples d'images clés que vous pourriez choisir.

1 les coûts : des liasses de billets de banque

2 les races : des chevaux de diverses tailles, aux robes de différentes couleurs

3 la tenue : une personne en tenue d'équitation

4 l'équipement : un harnachement de monte entièrement neuf

5 monter et descendre de cheval : des échelles doubles

6 les instructeurs : un de vos anciens professeurs

7 l'alimentation : des seaux remplis d'avoine ou de foin

8 la protection des sabots : des fers à cheval

9 le transport des animaux : une automobile en plastique

10 les compétitions : des rosettes et des cocardes

Mémorisez un texte

Il est également possible d'utiliser cette technique pour mémoriser une citation ou un fragment de texte. Imaginons que vous souhaitiez vous souvenir de la définition du cerveau humain de Charles Scott Sherrington, donnée page 20.

Vous devez d'abord diviser le texte en différents éléments, par exemple de la manière suivante :

1 **Le cerveau humain**
2 **est un métier à tisser magique**
3 **dont les millions de navettes rapides comme l'éclair**
4 **créent un motif qui se dissout sans cesse,**
5 **un motif toujours chargé de sens**
6 **mais jamais immobile,**
7 **une harmonie mouvante**
8 **de sous-motifs.**
9 **C'est comme si la Voie lactée**
10 **se livrait à une danse cosmique.**

Ensuite, il vous faut associer une image clé à chacun de ces éléments. Imaginez que vous êtes chargé d'illustrer ces idées pour réaliser un livre. Quelles images choisiriez-vous ?

La vision de Sherrington

Dans sa définition poétique du cerveau humain, Charles Scott Sherrington le compare aux inextricables motifs de la Voie lactée. Ces motifs peuvent servir à décomposer l'information en fragments mémorisables. Nous avons tous en tête une carte mentale plus ou moins grossière de l'univers, aussi est-il parfaitement concevable d'en faire une structure mentale destinée à venir en aide à notre mémoire.

L'étape suivante consiste à choisir une structure qui accueillera vos images. Comme nous l'avons déjà vu, elle peut être élaborée à partir de n'importe quel type d'espace, même la carte du monde. Pour utiliser ce dernier comme structure, concentrez votre attention sur dix pays ou continents, imaginez un trajet les reliant, puis associez une image à chacun d'eux. Vous pouvez isoler un mot-clé dans chacun des éléments du texte, sur lequel vous vous appuierez pour créer votre image (voir ci-dessous).

Cerveau

Immobile

Métier à tisser

Harmonie

Navettes

Sous-motifs

Dissout

Voie lactée

Chargé de sens

Danse cosmique

Le monde en tête

La Terre constitue une excellente structure mentale parce que sa visualisation a été gravée dans notre esprit pendant notre enfance. Vous pouvez l'imaginer en trois dimensions, comme un globe, ou seulement en deux, comme un planisphère.

STRUCTURE C : LE MONDE

1 LE GROENLAND

Avec un énorme cerveau situé en son centre, il siège et palpite au sommet du monde.

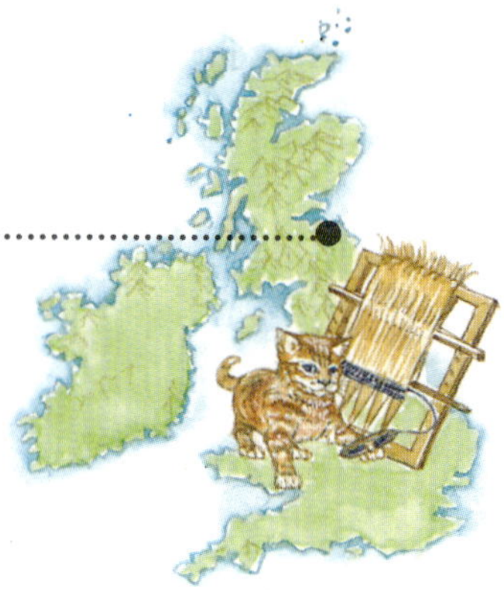

2 LE ROYAUME-UNI

On peut y voir des milliers de métiers à tisser, chacun d'eux commandé par un adorable chaton.

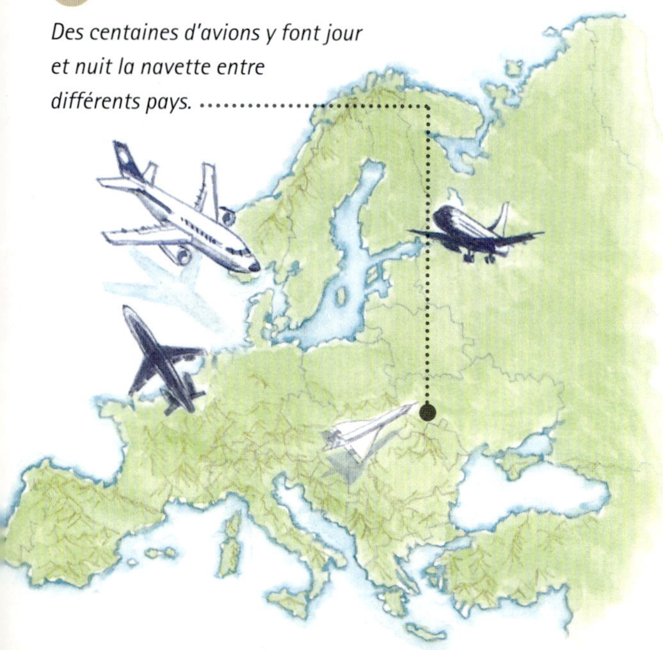

3 L'EUROPE

Des centaines d'avions y font jour et nuit la navette entre différents pays.

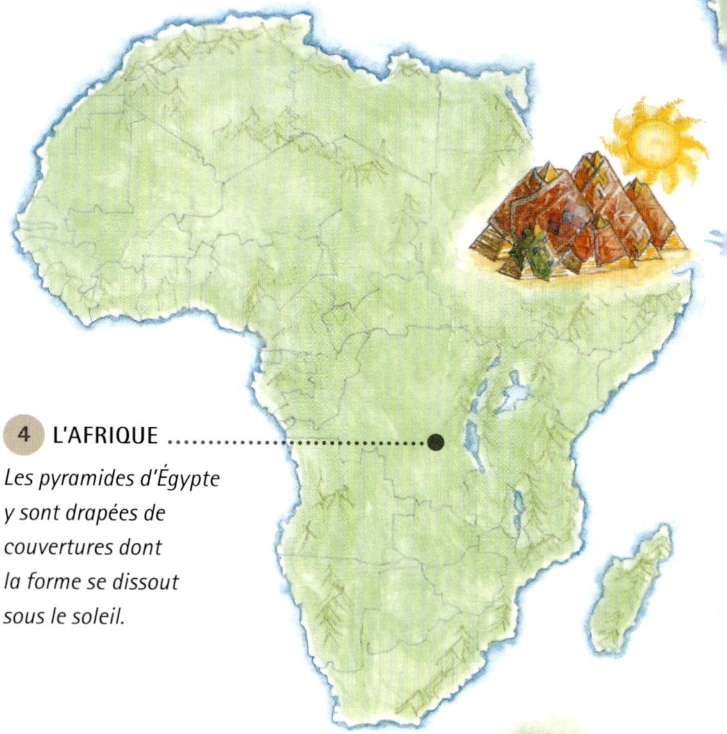

4 L'AFRIQUE

Les pyramides d'Égypte y sont drapées de couvertures dont la forme se dissout sous le soleil.

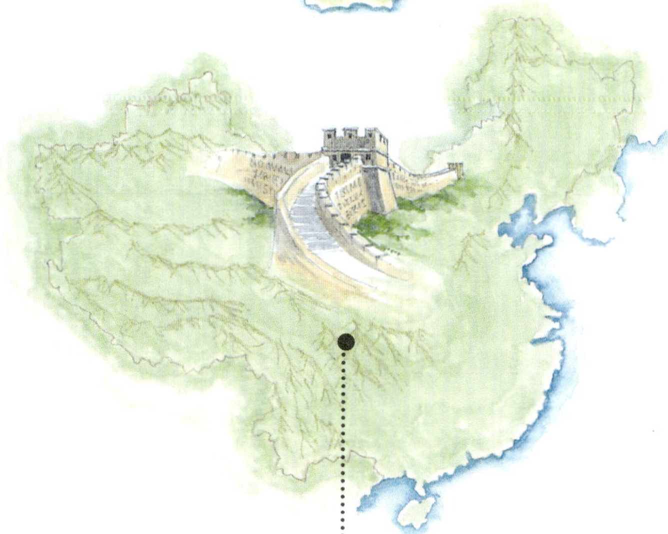

5 L'ASIE

Sur la Grande Muraille de Chine, quelqu'un a écrit à la main des messages chargés de sens.

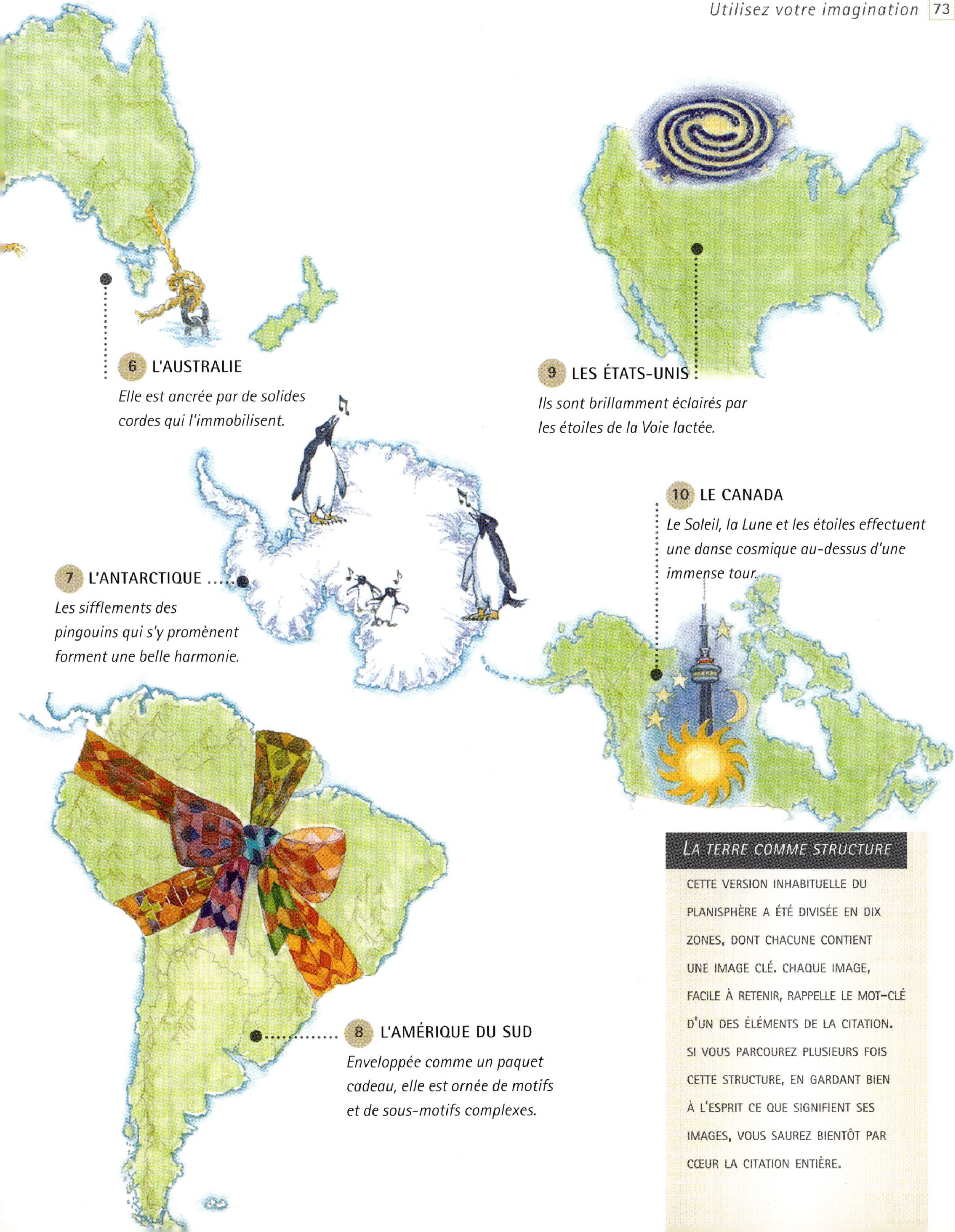

6 L'AUSTRALIE

Elle est ancrée par de solides cordes qui l'immobilisent.

7 L'ANTARCTIQUE

Les sifflements des pingouins qui s'y promènent forment une belle harmonie.

8 L'AMÉRIQUE DU SUD

Enveloppée comme un paquet cadeau, elle est ornée de motifs et de sous-motifs complexes.

9 LES ÉTATS-UNIS

Ils sont brillamment éclairés par les étoiles de la Voie lactée.

10 LE CANADA

Le Soleil, la Lune et les étoiles effectuent une danse cosmique au-dessus d'une immense tour.

LA TERRE COMME STRUCTURE

CETTE VERSION INHABITUELLE DU PLANISPHÈRE A ÉTÉ DIVISÉE EN DIX ZONES, DONT CHACUNE CONTIENT UNE IMAGE CLÉ. CHAQUE IMAGE, FACILE À RETENIR, RAPPELLE LE MOT-CLÉ D'UN DES ÉLÉMENTS DE LA CITATION. SI VOUS PARCOUREZ PLUSIEURS FOIS CETTE STRUCTURE, EN GARDANT BIEN À L'ESPRIT CE QUE SIGNIFIENT SES IMAGES, VOUS SAUREZ BIENTÔT PAR CŒUR LA CITATION ENTIÈRE.

Retenez les nombres

ÊTRE CAPABLE DE SE SOUVENIR DES NOMBRES EST UNE CHOSE TRÈS UTILE, CAR ILS SONT OMNIPRÉSENTS DANS NOTRE EXISTENCE : NUMÉROS DE TÉLÉPHONE, CODES, PRIX, DISTANCES, ADRESSES, DATES, ETC. VOUS POUVEZ ÉCONOMISER DU TEMPS, MIEUX VOUS ORGANISER, ET DONC ACCROÎTRE VOTRE EFFICACITÉ DANS DE NOMBREUX DOMAINES SI VOUS APPRENEZ À LES MÉMORISER.

Peu de personnes ont besoin de se souvenir de longues séries de chiffres mais, au quotidien, il est utile de connaître par cœur quelques données numériques. Vous est-il déjà arrivé, sans carnet d'adresses ni annuaire à votre disposition, de ne pas parvenir à retrouver le numéro de téléphone d'un ami à appeler de toute urgence ? Ou d'oublier un anniversaire ? Ou encore de ne plus vous souvenir du numéro de l'immeuble où vous aviez l'intention de vous rendre ?

LA VALSE DES RENDEZ-VOUS
Les techniques de mémorisation sont plus efficaces que les agendas. En dotant la date et l'heure d'un rendez-vous d'une signification particulière, il vous devient impossible de les oublier.

Les nombres ne sont difficiles à mémoriser que si vous essayez de les retenir sous une forme abstraite, « anonyme ». Quand vous arrivez à les percevoir autrement, en faisant jouer votre imagination, ils deviennent compatibles avec le fonctionnement de votre esprit et donc plus faciles à retenir.

DES MOMENTS DE JOIE
Fêtes et anniversaires sont des événements heureux, où parents et proches communient dans l'allégresse. Aussi est-il très important de se souvenir de leur date afin de ne pas les oublier.

C'est d'ailleurs probablement ce que vous faites déjà sans le savoir. Si vous repérez, par exemple, des chiffres se succédant selon un certain ordre ou formant des ensembles ayant une signification pour vous, vous utilisez sans vous en rendre compte une méthode tout à fait naturelle pour stimuler votre mémoire. Peut-être aussi, lorsque vous jouez à une quelconque loterie, choisissez-vous des nombres qui vous sont familiers, afin de pouvoir vous en souvenir d'une semaine sur l'autre.

Dès qu'un nombre a une « identité », évoquant des images ou des émotions, il devient considérablement plus facile de le retenir.

Dans une célèbre expérience sur la mémoire datant des années 1980, un étudiant découvrit comment se souvenir de longues séries de chiffres. Au départ, sa mémoire des nombres était assez limitée. Après avoir appris un procédé mnémotechnique, il parvint à se souvenir de suites de quatre-vingts chiffres et plus.

La méthode consistait à donner une signification aux chiffres. Athlète accompli, il connaissait par cœur de nombreux records sportifs : temps, longueurs, hauteurs, etc. Chaque fois qu'il devait se souvenir d'un nombre, il cherchait aussitôt quel score cela lui rappelait. Par exemple, face à la série 1217, il pensait : « Voilà un excellent temps pour un 100 mètres. » Et confronté à la série 236 : « Elle équivaut presque au meilleur saut en longueur que j'ai réussi. »

Les nombres prenant de l'intérêt pour lui, associés à des émotions ou à des expériences personnelles, il s'en souvenait sans aucune difficulté.

Vous pouvez tester ce procédé par vous-même, en utilisant la série de dix chiffres ci-dessous :

6 3 2 6 7 5 3 6 6 0

Demandez à un ami de le lire deux ou trois fois et de le mémoriser. Puis proposez la même chose à quelqu'un d'autre, en lui présentant ces chiffres comme le score final d'une partie de tennis acharnée :

6-3 2-6 7-5 3-6 6-0

Invitez cette personne à imaginer le déroulement de chacun des sets, en essayant de se mettre à la place des joueurs.

Si vous questionnez vos deux interlocuteurs quelques jours après, vous constaterez presque à coup sûr que c'est le second qui se souvient le mieux de la série de chiffres.

LES ÉVÉNEMENTS SPORTIFS

Pour les passionnés de sport, il n'est pas toujours facile de se souvenir d'un score ou d'un record. Matchs et tournois sont des événements importants ; savoir qui a gagné et dans quelles conditions leur donne encore plus de vie. L'emploi de procédés mnémotechniques pour retenir les résultats sportifs est très efficace.

Voyez les chiffres comme des images

En utilisant une technique très simple d'association, vous pouvez aisément transformer chaque chiffre en une image évocatrice.

Attribuez une image à chacun des chiffres de 0 à 9, en vous inspirant directement de sa forme. Par la suite, une série d'images pourra représenter un nombre donné, toutes dérivées des dix idées suivantes :

0 **EST UN BALLON :** *Pensez à lui comme à un nombre gai, plein d'énergie, lié aux sports.*

1 **EST UN STYLO :** *Voyez-le solide, bien pointu et écrivant en différentes couleurs.*

2 **EST UN CANARD :** *Voici un nombre serein, capable de voler gracieusement dans les airs.*

3 **EST UNE PAIRE DE MENOTTES :** *Pensez au trois comme à un nombre très autoritaire, garant de la loi et du maintien de l'ordre.*

4 **EST UN VOILIER :** *Léger, élégant, il peut flotter sur l'eau et voyager rapidement et silencieusement.*

5 **EST UN CROCHET :** *Avec sa pointe recourbée, il sert à soulever et à transporter des objets.*

6 **EST UN CANON :** *C'est un nombre agressif, puissant et très bruyant.*

7 **EST UNE LAMPE DE BUREAU :** *En pensant à lui, imaginez la lumière et la douce chaleur qui s'en dégagent.*

8 **EST UN BONHOMME DE NEIGE :** *C'est le nombre du froid, évoquant les intempéries et les joies de l'hiver.*

9 **EST UNE GLACE À LA VANILLE :** *En mangeant ce nombre, vous pouvez retrouver d'agréables souvenirs de votre enfance.*

Observez ces images, puis fermez les yeux et faites-les défiler dans votre tête. Assurez-vous que vous vous souvenez bien de l'image de base de chacun des dix chiffres, et essayez de retrouver les qualités et les sensations qui leur sont associées – la chaleur du 7, par exemple, ou la tranquillité du 2.

Pour utiliser cette technique, il vous suffit de remplacer mentalement chaque chiffre par l'image qui le représente, puis de lier les images entre elles. Le procédé est le même que pour construire un récit enchaînant des événements. Vous pouvez, par exemple, imaginer que la première image agit sur la deuxième, qui pénètre dans la troisième, qui se transforme pour donner la quatrième, etc. L'essentiel est que votre histoire soit vivante et fasse appel à tous vos sens.

En haut du texte ci-contre figurent quatre séries de quatre chiffres. Pour mémoriser la première (1605), par exemple, vous pouvez imaginer que vous vous servez d'un stylo (1) pour écrire sur un canon (6), puis que vous chargez celui-ci avec un ballon (0) et que vous soulevez le tout à l'aide d'un énorme crochet (5). Afin de rendre cet épisode plus évocateur, visualisez l'encre verte du stylo contrastant avec les tons bruns du canon, pensez à un joli ballon de plage mais au terrifiant crochet du... capitaine Crochet.

Visualisez cette scène et vous serez en mesure de retrouver le nombre que vous vouliez retenir.

Si vous vous souvenez que vous utilisez un stylo pour écrire sur le canon, que vous chargez celui-ci avec un ballon puis que vous le soulevez avec un crochet, vous n'aurez aucune peine à reconstituer le nombre 1605.

DES NOMBRES AUX IMAGES

L'imagination permet de transformer les nombres en images faciles à retenir, comme un canon pour représenter le 6 ou un crochet pour figurer le 5. Vous n'avez plus qu'à opérer la métamorphose inverse pour retrouver le nombre que vous deviez mémoriser.

Créez des histoires

1605 7324 6582 0935

Imaginez une histoire pour chacun des quatre nombres ci-dessus, et situez-la dans l'une des premières zones d'une structure mentale que vous connaissez bien. Lâchez la bride à votre imagination pour rendre aussi vivants que possible les événements que vous faites se dérouler dans ces zones, en utilisant de nombreux détails, comme les meubles, la lumière, la température, etc.

Si, par exemple, vous avez opté pour la structure B – le bureau –, faites démarrer votre histoire à l'entrée en imaginant qu'un employé mécontent (ou vous-même !) écrit une protestation au stylo (1) sur un canon (6) qui bloque le passage.

Pour 7324, vous pouvez imaginer que vous allumez la lumière (7) à l'entrée (zone 1), mais que dans le hall (zone 2) un gardien qui vous a pris pour un voleur vous passe les menottes (3) ; pour lui échapper, vous vous transformez en canard (2) et vous envolez au-dessus d'une mer où naviguent de nombreux voiliers (4).

Essayez maintenant de compléter l'histoire correspondant à 1605 et d'en inventer deux autres pour 6582 et 0935.

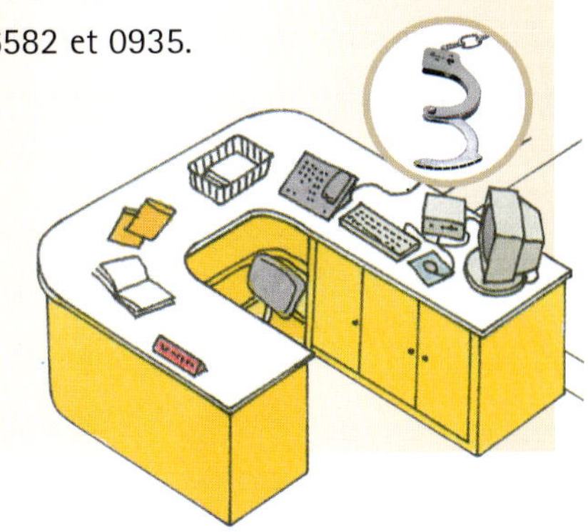

Souvenez-vous des techniques

AVEC UN PEU D'IMAGINATION, VOUS POUVEZ VOUS SOUVENIR DE N'IMPORTE QUELLE INFORMATION.

Quand vous devez retenir des informations abstraites, représentez-les par des images évocatrices, puis placez-les dans l'une de vos structures mentales habituelles. Les images vous rappelleront les données initiales, maintenues en ordre grâce à la structure. Cette méthode est particulièrement efficace lorsque vous voulez apprendre de nouvelles techniques.

En premier lieu, divisez la procédure que vous devez retenir en étapes, classez-les dans l'ordre, puis visualisez-les en utilisant le même procédé que pour mémoriser les mots et les nombres.

La menuiserie pour tous

La réalisation d'un assemblage à queue-d'aronde offre un parfait exemple de la manière dont les techniques peuvent être aisément mémorisées, d'abord en les décomposant, puis en les visualisant.

L'APPRENTISSAGE D'UNE TECHNIQUE
Lors de l'apprentissage d'une nouvelle activité, comme le travail du bois, il est essentiel de mettre en relief les étapes principales pour être certain de les assimiler. La compréhension est un élément clé de la mémoire. Décomposez la technique en étapes, associez-leur des images, et placez-les dans une structure mentale familière.

Décomposez l'information

IL EST ESSENTIEL DE DÉCOMPOSER LOGIQUEMENT UNE INFORMATION. VOICI LES SEPT ÉTAPES POUR RÉALISER UN ASSEMBLAGE À QUEUE-D'ARONDE.

1 Préparation : préparer le bois et tracer les queues-d'aronde.

2 Matériel : choisir de bonnes scies adaptées à chaque étape.

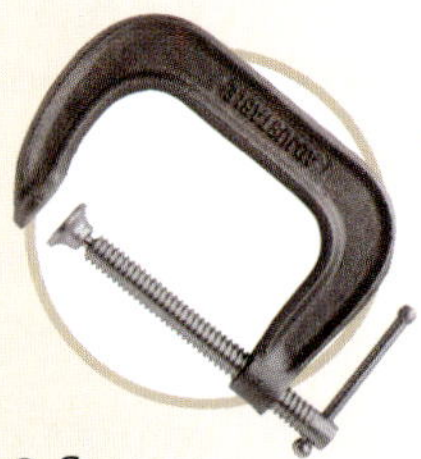

3 Serrage : fixer les deux pièces de bois sur l'établi.

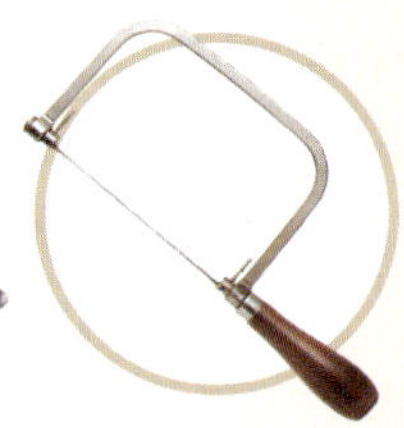

4 Sciage : scier soigneusement les queues-d'aronde.

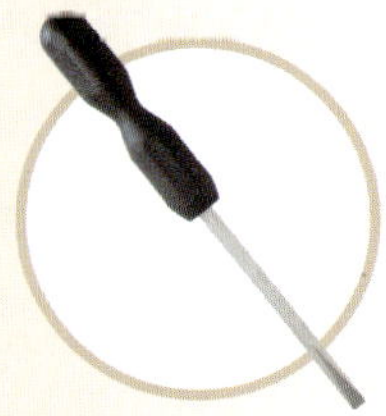

5 Ciselage : pratiquer les entailles au ciseau.

6 Ajustage : vérifier l'emboîtement des pièces et les ajuster.

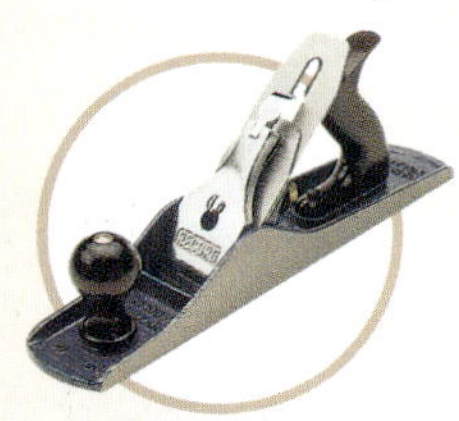

7 Finition : raboter délicatement l'assemblage.

1 GROENLAND

Un bateau a heurté un iceberg : les marins scient des planches pour faire des radeaux, vous vous souvenez alors que vous devez préparer votre bois.

2 ROYAUME-UNI

Des gens se promènent avec toutes sortes de scies. Cela vous fait penser à choisir les vôtres.

3 EUROPE

Des vacanciers qui font de l'escalade dans les Alpes doivent s'accrocher aux arbres pour ne pas tomber. Cela vous rappelle qu'il faut fixer les pièces de bois sur l'établi.

4 AUSTRALIE

Le toit élancé de l'Opéra de Sydney évoque une gigantesque queue-d'aronde.

5 ANTARCTIQUE

Toute la glace du sol a été délicatement ciselée, comme vous devez le faire.

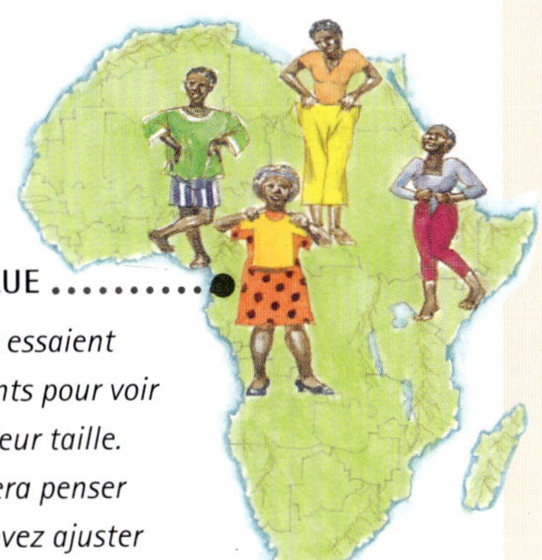

6 AFRIQUE

Des enfants essaient des vêtements pour voir s'ils sont à leur taille. Cela vous fera penser que vous devez ajuster votre travail.

7 ASIE

Concentrez-vous sur la Grande Muraille de Chine, dont les murs et le sol sont lisses comme de la soie, pour ne pas oublier de raboter votre assemblage.

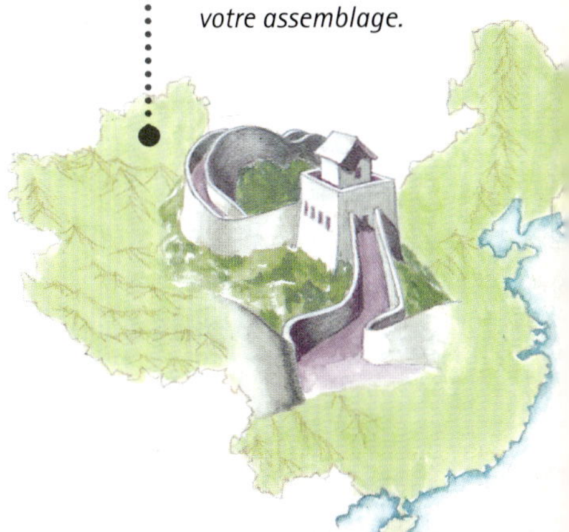

Polyvalence

DANS CHAQUE ZONE DE CETTE STRUCTURE, VOUS TROUVEREZ DES IMAGES VOUS FAISANT PENSER AUX ÉTAPES DE VOTRE TRAVAIL. APPLIQUEZ CETTE MÉTHODE À N'IMPORTE QUELLE TECHNIQUE MANUELLE AFIN DE L'APPRENDRE RAPIDEMENT PAR CŒUR. LES IMAGES MENTALES VOUS RAPPELLERONT LES ÉTAPES DE LA PROCÉDURE AINSI QUE L'ORDRE DANS LEQUEL ELLES DOIVENT SE SUCCÉDER.

Le développement de la mémoire

POUR DÉVELOPPER NOTRE MÉMOIRE, NOUS NE DEVONS PAS NOUS ARRÊTER AUX LIMITES QUE NOUS NOUS IMPOSONS : NUL NE PEUT GRANDIR S'IL NE VA PAS AU-DELÀ DES CAPACITÉS QU'IL IMAGINE ÊTRE LES SIENNES.

Vos structures mentales doivent compter dix zones au maximum. Mais, si chacun de vos trajets correspond à une histoire, vous pouvez en revanche mémoriser un nombre infini d'éléments dans une seule structure.

Le manque de confiance en soi est le plus grand obstacle au développement de la mémoire. En nous habituant à douter de nos capacités, nous fixons nous-mêmes les limites de ce que nous sommes aptes à réussir. Cette croyance en des limites définies est très souvent présente lorsque nous nous trouvons en face d'un grand nombre d'informations. Une petite voix dans notre tête nous dit que nous ne parviendrons jamais à les assimiler et, bien évidemment, c'est presque toujours ce qui se passe.

Quand on sait utiliser pleinement sa mémoire, la quantité d'informations à retenir se révèle beaucoup moins importante qu'elle ne le paraît. En créant des images évocatrices et en les ordonnant puis en établissant des connexions entre ces images suffisamment fortes, vous pourrez retrouver toutes les données voulues. Si vous avez réussi à vous souvenir de quatre chiffres en imaginant un récit, il n'y a aucune raison pour que, enchaînant d'autres épisodes, vous ne puissiez pas mémoriser un nombre de quarante-quatre, voire de quatre cent quarante-quatre chiffres.

La pratique est la clé du succès

Plus vous pratiquez cette méthode, plus vous aurez confiance en vous. Ne croyez pas que toute nouvelle information complique le processus. Tant que vous créez des images et des liens entre elles, votre mémoire ne vous laissera pas tomber.

Pour vous prouver cela, vous allez essayer de mémoriser une liste de quatorze mots choisis au hasard. Les images et le récit qui les relient ont été inventés pour vous. Lisez l'histoire en visualisant bien chaque image.

NOMBRES ILLIMITÉS
Ci-dessous : Les calculateurs prodiges peuvent mémoriser des suites de centaines de nombres. Cette performance n'est qu'une application extrême des techniques que vous venez de découvrir dans cet ouvrage. Si vous ôtez vos propres barrières mentales, vous pourrez retenir autant de donnés que vous le voulez.

Dans cet exemple, nous n'utilisons qu'une partie de la structure B – le bureau (pages 60 à 63). L'histoire se déroule dans les trois premières zones, deux d'entre elles contenant cinq images et la troisième quatre.

Les mots à retenir sont : homme d'affaires, banane, couteau, farine, chien, football, fromage, verre, souris, mallette, boxeur, viande, aquarium, téléviseur.

Où commencez-vous ?

Votre histoire débute devant la porte d'entrée, où un homme d'affaires élégamment vêtu vous empêche d'entrer en vous menaçant avec une grosse banane gonflable.

Vous plantez votre couteau tout neuf dans la banane. Elle explose en libérant un épais nuage de farine blanche, qui recouvre un chien passant à ce moment-là devant le bâtiment. Aveuglé, l'animal bondit dans une haie sans la voir.

Vous pénétrez dans le hall où une partie de football se déroule. Au lieu d'un ballon, les joueurs se servent d'un gros morceau de fromage. L'un d'eux lui donne un violent coup de pied. Le fromage heurte un verre qu'il pulvérise.

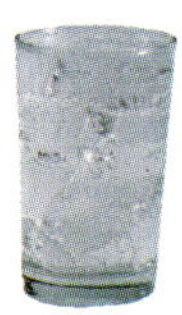

Une petite souris, qui devait se cacher dans le récipient, erre terrorisée parmi les éclats de verre. Pour éviter d'autres dégâts, vous l'attrapez et la fourrez dans votre mallette.

À la réception, un boxeur semble avoir pris la place de l'hôtesse d'accueil. Il mange une énorme tranche de viande rouge, dont il jette les restes dans un aquarium posé sur un bureau voisin. Malheureusement, comme il les lance trop vigoureusement, l'aquarium finit par se renverser et va s'écraser contre l'écran d'un luxueux téléviseur.

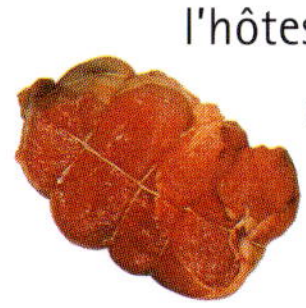

Lisez ce récit une fois, une seconde fois si cela est nécessaire, puis refermez le livre et répétez à voix haute, ou écrivez sur une feuille de papier les quatorze mots dont vous deviez vous souvenir.

TEST DE PROGRESSION N° 4

VOUS DEVEZ FAIRE APPEL À VOS CAPACITÉS DE VISUALISATION POUR PLACER DES ÉLÉMENTS D'INFORMATION DANS UNE STRUCTURE MENTALE. LORSQUE VOUS CONSTRUISEZ VOS IMAGES CLÉS, PROCÉDEZ LENTEMENT ET SYSTÉMATIQUEMENT, DE MANIÈRE À POUVOIR VOUS EN SOUVENIR SANS DIFFICULTÉ.

LA SCULPTURE SUR BOIS

VOUS DEVEZ DISCOURIR DE LA SCULPTURE SUR BOIS. UTILISEZ VOTRE STRUCTURE MENTALE POUR MÉMORISER LES THÈMES PRINCIPAUX.

1 Histoire de la sculpture sur bois

2 Sources d'inspiration

3 Équipement et outils

4 Aiguisage des outils

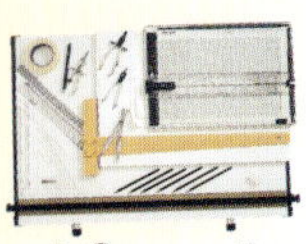

5 Conception et plans

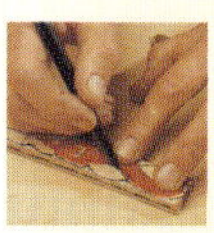

6 Gabarits

7 Relief

8 Ronde-bosse

9 Motifs originaux

10 Sites Internet à consulter

MÉMOIRE DES NOMBRES

VOICI UN NOMBRE DE QUINZE CHIFFRES. VOYEZ AVEC QUELLE RAPIDITÉ VOUS PARVENEZ À LE MÉMORISER EN UTILISANT LA MÉTHODE PRÉSENTÉE PAGES 76-77. TRANSFORMEZ LES CHIFFRES EN IMAGES MENTALES, PUIS LIEZ-LES ENTRE ELLES OU INSÉREZ-LES DANS UNE STRUCTURE MENTALE.

3 9 7 1 0 9 8 4 6 3 7 2 3 8 5

CONSEIL : une fois parvenu à vous souvenir de cette suite de chiffres, essayez de la retrouver également en sens inverse. Cette opération peut paraître plus difficile au premier abord, mais il n'y a aucune raison pour qu'elle le soit. Il vous suffit de remonter la chaîne des événements, du dernier jusqu'au premier, ou de retraverser dans l'autre sens votre structure mentale.

MÉMORISER UNE TECHNIQUE

LE TEXTE CI-DESSOUS DÉCRIT UNE TECHNIQUE D'ARRANGEMENT FLORAL. DÉCOMPOSEZ LA PROCÉDURE EN DIX ÉLÉMENTS AU MAXIMUM, CHOISISSEZ UNE IMAGE MENTALE POUR CHACUN D'EUX, PUIS PLACEZ LES IMAGES DANS UNE STRUCTURE. VOYEZ DANS QUELLE MESURE VOUS RÉUSSISSEZ À VOUS SOUVENIR DE LA TECHNIQUE.

« Pour réaliser un arrangement de face, garnissez votre récipient avec de la mousse humide. Placez les feuilles en éventail à l'arrière du vase. Coupez les tiges des fleurs les plus claires et disposez-les en fonction de la forme du feuillage. Ajoutez les fleurs les plus sombres en les répartissant également au milieu des fleurs claires. Insérez les fleurs délicates en dernier. »

CONSEIL : pour savoir comment mémoriser une technique, reportez-vous aux pages 78-79 de cet ouvrage.

RÉSUMONS-NOUS

L'IDÉE PRINCIPALE QUE VOUS DEVEZ RETENIR DE CE CHAPITRE EST QUE VOUS POUVEZ CRÉER DES IMAGES POUR REPRÉSENTER N'IMPORTE QUEL TYPE D'INFORMATION.

PENSEZ AUX TECHNIQUES de visualisation décrites dans ce chapitre et imaginez que vous devez illustrer un livre ou concevoir les affiches d'une campagne de publicité. Quelles images seraient les plus frappantes et les plus efficaces pour représenter ce que vous désirez mettre en relief ? Pensez maintenant à des informations que vous avez besoin de retenir et transformez-les également en autant d'images évocatrices.

Si vous devez mémoriser un texte, décomposez-le et créez une image pour chaque partie Ces images clés doivent vous rappeler sans effort les informations initiales et être insérées, dans l'ordre, dans la structure mentale de votre choix. La même méthode permet de retenir des nombres : transformez les chiffres en images significatives, puis reliez celles-ci au sein d'une histoire, ou placez-les dans une structure mentale. Ce procédé s'applique aussi à l'apprentissage des techniques : divisez la procédure en éléments principaux, choisissez des images pour les représenter, puis utilisez un récit ou une structure afin de les fixer dans un ordre chronologique. Souvenez-vous que chaque structure mentale que vous créez peut contenir d'énormes quantités d'informations.

APPLICATIONS DE BASE

OUBLIER DEVIENT SOUVENT UNE MAUVAISE HABITUDE À LAQUELLE IL CONVIENT AVANT TOUT DE RENONCER... POUR PARVENIR À AMÉLIORER VOTRE MÉMOIRE, METTEZ-LA AU TRAVAIL DE TOUTES LES MANIÈRES POSSIBLES, EN VOUS EFFORÇANT DE RETENIR NOMS, ADRESSES, ITINÉRAIRES, TECHNIQUES, SUJETS D'EXAMENS, ETC. TRÈS EFFICACES, LES MÉTHODES PRÉSENTÉES DANS CE LIVRE NE VOUS SERVIRONT TOUTEFOIS QUE SI VOUS DÉCIDEZ DE LES METTRE EN PRATIQUE DANS VOTRE VIE QUOTIDIENNE.

LES NÉCESSITÉS DE LA MÉMOIRE

METTEZ À L'ÉPREUVE VOS NOUVELLES CAPACITÉS MNÉSIQUES EN VOUS HABITUANT À RETENIR LES NOMS, VOS RENDEZ-VOUS, LES STATISTIQUES, LES CONNAISSANCES GÉNÉRALES, LES SUJETS D'EXAMENS, LES ITINÉRAIRES ET LES LANGUES. TRÈS VITE, LE FAIT D'AVOIR UNE BONNE MÉMOIRE DEVIENDRA POUR VOUS COMME UNE SECONDE NATURE ET CHANGERA RADICALEMENT VOTRE EXISTENCE.

LES NOMS ET LES VISAGES

Selon la légende, le roi des Perses Xerxès connaissait le nom des cent mille soldats qui composaient son armée. Plus près de nous, l'Américain Harry Lorayne, qui présentait sur scène des tours de mémoire, devint célèbre parce qu'il pouvait se souvenir du nom de toutes les personnes qui avaient assisté à ses spectacles. On pense qu'il avait mémorisé ainsi plus de huit millions de noms.

Pensez à l'embarras que vous éprouvez lorsque vous reconnaissez un visage, mais êtes incapable de mettre un nom dessus. En appliquant la méthode simple en cinq étapes exposée page 87, vous n'oublierez plus aucun nom – une aptitude qui changera profondément votre vie sociale et professionnelle.

RAPPELEZ-MOI VOTRE NOM...
Pour beaucoup de gens, entendre un nom ne suffit pas à le retenir. Leur mémoire visuelle leur permet de reconnaître leurs interlocuteurs, mais sans qu'ils retrouvent leur nom... tant qu'ils ne connaissent pas la méthode qui permet de n'en oublier aucun.

De nombreuses personnes souffrent de ne pas pouvoir retenir les noms. Vous est-il déjà arrivé d'être présenté à quelqu'un lors d'une réunion ou d'une soirée, puis d'avoir à présenter vous-même cette personne à l'un de vos amis, et d'être totalement incapable de vous souvenir de leurs deux noms ?

Il est tout à fait possible de maîtriser cet aspect de votre mémoire, et d'en retirer d'importants avantages. Songez à ce que vous ressentez quand quelqu'un se souvient de votre nom : vous êtes heureux, flatté de l'importance qu'on semble vous accorder. Si vous apprenez vous-même à retenir les noms, toutes vos relations avec votre entourage s'en trouveront nettement améliorées.

Étape 1 : Décider de se souvenir

Au lieu de vous dire que vous allez les oublier, prenez la décision de mobiliser votre mémoire pour retenir les noms de vos interlocuteurs.

Étape 2 : Bien entendre le nom

Quand on vous présente quelqu'un, vous êtes tellement occupé à sourire, à tendre la main, à vous montrer à votre avantage, que vous n'entendez pas son nom. Vous n'avez donc aucune chance de vous en souvenir. Alors, écoutez-le bien. Arrangez-vous pour le répéter dans la conversation : « Eh bien, Arthur, c'était un plaisir de vous rencontrer. » Concentrez-vous sur ce nom, surtout s'il est inhabituel. Demandez comment il s'épelle, ce qu'il signifie, etc. Considérez-le comme une information importante.

Étape 3 : Répéter le nom

Tout en le citant vous-même dans la discussion, faites résonner le nom de votre interlocuteur dans votre tête en le répétant à plusieurs reprises. Essayez de le voir écrit mentalement. Imaginez à quoi peut ressembler la signature de la personne qui le porte.

Étape 4 : Créer une image clé

Créez ensuite des images mentales à partir de ce nom. S'il est imposant, majestueux, vous pouvez visualiser un paraphe au bas d'un parchemin. Il peut aussi évoquer une profession, une qualité, être celui d'une célébrité, ou encore faire penser à un objet, à un animal, etc. Servez-vous de tous ces détails pour lui associer une image clé qui vous le remettra facilement en mémoire.

Étape 5 : Établir un lien entre l'image et la personne

Rendez l'image clé inséparable de la personne qu'elle représente. Par exemple, si celle-ci porte un nom de star, visualisez-la dans un de ses rôles. Vous pouvez l'imaginer changeant de couleur, émettant le bruit d'un animal, se transformant en un objet... Si votre image est assez forte, le nom vous reviendra immédiatement à l'esprit lors d'une rencontre ultérieure.

Jouez avec les noms
En haut, à droite : Pour retenir le nom d'une personne, visualisez-le. Par exemple, si elle s'appelle Arthur, imaginez le nom de ce roi légendaire écrit en belles lettres gothiques. Ci-dessous : Il est bien plus facile de retenir le nom des gens dès lors qu'on connaît quelques détails les caractérisant.

« Elle me fait penser à un lapin »
À droite : Si l'apparence d'une personne vous fait songer à un animal particulier, vous pouvez créer consciemment un lien mental entre le nom de cet animal et celui de la personne.

De la théorie à la pratique

Voici quelques exemples d'associations que vous pourriez faire entre certains noms et les images clés qu'ils évoquent.

M. Boulanger

Si cet homme était réellement boulanger, à quoi pourrait-il ressembler ? Il porterait sans doute une toque et un tablier blancs, et traînerait une lourde corbeille remplie de miches croustillantes. Visualisez-le mentalement couvert de farine et suant à grosses gouttes devant son four.

M. Léglise

L'image qui vient tout de suite à l'esprit est celle d'un édifice religieux. Imaginez M. Léglise devant l'autel, feuilletant une très vieille bible à tranche dorée.

Mme Lefrançais

Vous pouvez visualiser cette dame revêtue du drapeau tricolore, ou encore l'imaginer debout au sommet de la tour Eiffel, les bras levés, vous adressant d'amicaux signes de la main.

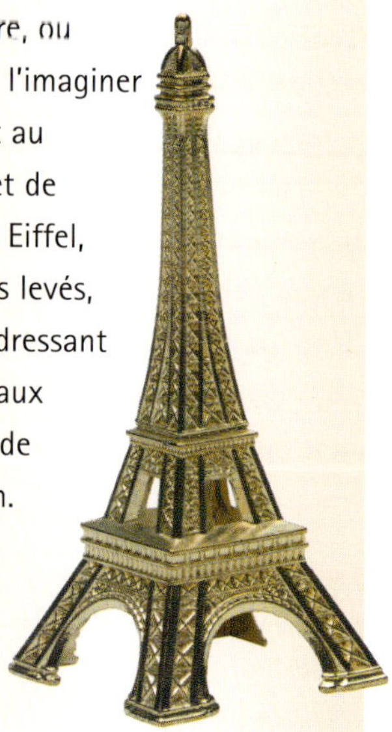

Dr Leduc

Imaginez un grand seigneur portant une blouse blanche sur ses vêtements princiers, avec une seringue à la main et un stéthoscope autour du cou.

Mlle Alleaux

Vous pouvez visualiser Mlle Alleaux passant sa journée à répondre aux appels, dans un grand bureau où des téléphones ne cessent de sonner.

M. Delingot

Une partie de ce nom, « lingot », fait immanquablement penser à de l'or. Vous pouvez donc imaginer la personne qui le porte entièrement constituée d'or et vêtue d'habits dorés.

Mlle Marx

Voici un nom célèbre. Pourquoi ne pas visualiser Mlle Marx sous les traits de l'acteur comique Groucho Marx ? Pensez à sa façon de parler, à sa démarche, à ses lunettes, à sa moustache et à ses sourcils noirs peints sur son visage.

Mme Mesdée

Ce nom peut évoquer l'appel de détresse international « Mayday ». Pour quelle raison Mme Mesdée appellerait-elle à l'aide ? Imaginez-la perdant le contrôle d'un avion et demandant par radio une assistance immédiate : « Mayday ! Mayday ! »

M. Largentier

Visualisez M. Largentier portant une veste couverte de pièces d'or, arborant deux pièces d'argent en guise de boucles d'oreilles, ou encore sortant de ses poches et vous offrant, avec un grand sourire, des poignées de pièces.

Mme Paix

Les colombes symbolisent internationalement la paix. Pensez à leur roucoulement. Où Mme Paix les cache-t-elle ? Imaginez-la sortant un de ces volatiles de la poche de son manteau.

Comme toujours lorsqu'il s'agit d'images mentales, faites en sorte que les vôtres soient frappantes, vivantes, drôles, exagérées, sans vous soucier d'une quelconque vraisemblance. Utilisez-les plusieurs fois pour retrouver les noms qu'elles évoquent. Vous serez rapidement en mesure de les laisser de côté et de mettre automatiquement, sans même avoir à y penser, un nom sur chaque visage connu.

LES ARCHIVES MENTALES

IL EST TRÈS INTÉRESSANT DE DISPOSER DE FICHES MENTALES CONTENANT, SOUS UNE FORME AISÉMENT ACCESSIBLE, TOUTES LES INFORMATIONS UTILES SUR LES PERSONNES QUE VOUS ÊTES APPELÉ À CROISER SOUVENT. GRÂCE À CES ARCHIVES RÉGULIÈREMENT MISES À JOUR, VOUS POURREZ ACQUÉRIR UNE PLUS GRANDE ASSURANCE ET TIRER LE MEILLEUR PARTI POSSIBLE DE CE QUE VOUS SAVEZ SUR CHACUN DE VOS INTERLOCUTEURS.

Sans être indiscret, il est essentiel de connaître des détails sur les gens avec qui l'on travaille – spécialité, formation, employeur, passe-temps favori, situation de famille, etc. En vous souvenant de ces informations, vous montrez que vous vous intéressez à eux, et ils vous en sauront gré.

Cela est vrai pour tous les rapports sociaux. Lorsque vous connaissez un minimum vos interlocuteurs, les échanges sont plus riches ; vous pouvez aussi éviter les sujets de conversation gênants. En fin de compte, si vous retenez ce que l'on vous dit, on se souviendra bien mieux de vous.

Pour constituer des fiches mentales, vous devez d'abord étendre votre méthode de visualisation des nombres (pages 76-77). Vous disposiez jusqu'ici d'images représentant les chiffres de 0 à 9. Afin de retenir des dates de rendez-vous ou d'anniversaires, il vous faut aussi visualiser le 10, le 11 et le 12.

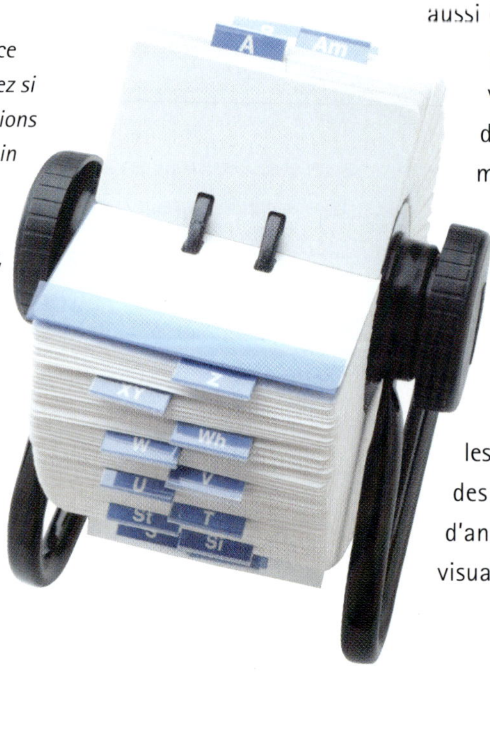

LE FICHIER PARFAIT *Imaginez l'assurance que vous ressentiriez si toutes les informations que vous avez besoin de connaître concernant vos collègues, vos amis, vos parents et vos clients étaient à votre disposition, comme dans un fichier.*

10 Le dix fait songer aux dix doigts de la main. Aussi pouvez-vous le visualiser sous la forme de deux mains ouvertes, les paumes en avant, les doigts écartés, en un geste franc et spontané.

11 La forme de ce nombre évoque les deux rails d'une voie de chemin de fer. Imaginez-le comme un vieux train à vapeur, pittoresque et bruyant, sillonnant la campagne en lâchant des panaches de fumée.

12 Le douze est le nombre le plus élevé du cadran d'une montre. Vous pouvez le représenter par une horloge massive, dont le balancier égrène paisiblement le temps.

Inscrivez ces trois images dans votre esprit, en faisant appel à tous vos sens pour les rendre vivantes. Revoyez ensuite les images que vous avez déjà appris à utiliser pour les nombres de 0 à 9, en faisant un bref retour à la page 76 si vous avez du mal à les retrouver.

Avec cette visualisation numérique étendue de 0 à 12, vous pouvez maintenant inscrire dans vos archives mentales toutes les dates que vous désirez mémoriser.

TROIS NOUVEAUX NOMBRES

Ci-contre et ci-dessous : Au lieu de former leurs images mentales en associant celle du 1 avec celles du 0 ou du 2, utilisez une seule image clé pour représenter les nombres 10, 11 et 12. Avec un peu de pratique, l'image d'un train s'imposera rapidement à votre esprit pour évoquer le 11, de même que celle d'une horloge vous fera aussitôt penser au 12.

L'histoire de M. Boulanger

M. Boulanger est né le 11 février. Pour vous souvenir de son anniversaire, imaginez-le dans un train avec sa corbeille de miches dorées. Tous les wagons sont occupés par des canards qui donnent des coups de bec dans son pain tandis qu'il recherche une place libre, en laissant des traces de farine derrière lui.

En présence de M. Boulanger, des images clés vous reviennent à l'esprit. Vous le voyez avec son tablier blanc et sa corbeille de pains, ce qui vous permet de vous souvenir de son nom. Il vous apparaît à bord d'un train rempli de canards. Le train représente le 11, les canards évoquent le 2 : son anniversaire est donc le 11 février.

Le train se dirige vers la campagne, vous rappelant ainsi que M. Boulanger aime les randonnées ; une radio diffuse du rock and roll, sa musique préférée. Utilisez votre imagination pour construire tout un paysage mental chargé d'images clés, dont chacune vous remettra en mémoire un fait ou un détail concernant M. Boulanger. Avec ces données, vous vous sentez sûr de vous quand vous lui parlez ; vous savez quelles questions lui poser, quels sujets éviter. Vous lui apparaissez comme une personne compétente, sociable et soucieuse des autres.

N'importe quel détail peut engendrer une image, tirée de votre imagination ou de votre méthode de visualisation des nombres, qui viendra enrichir votre fichier mental. Par exemple, si vous imaginez Mlle Marx arborant d'épais sourcils noirs, fumant une glace à la vanille (9) et menottée (3) par un énorme agent de police, vous vous souviendrez immédiatement de son nom et saurez qu'elle est née le 9 mars.

Les dates et les statistiques

À chaque image son nombre
Afin d'éviter les confusions, une image mentale ne doit représenter qu'un seul nombre, toujours le même. Par exemple, vous devez décider si la baigneuse ci-dessous représente le 4 parce qu'elle est liée à l'eau, le 0 parce qu'elle tient un ballon, ou le 40 parce qu'elle associe le 4 et le 0.

Élargissez votre système

Le système utilisé pour mémoriser les nombres peut être combiné avec toutes les autres techniques présentées jusqu'ici pour retenir des dates et des statistiques.

Si vous devez traiter une grande quantité de données numériques, l'astuce consiste à élargir le système de base de visualisation. Vous disposez déjà d'une image clé pour les nombres de 0 à 12. Vous pouvez maintenant multiplier à l'infini vos possibilités de mémorisation.

Au lieu de vous servir uniquement de l'image clé de chaque chiffre, vous pouvez faire appel à d'autres images qui lui sont liées. Ainsi, chacune d'elles – le ballon, le stylo, le canard, etc. – peut engendrer un groupe thématique.

Le 0 étant un ballon, il peut aussi être représenté par un joueur de football ou par une boule de pétanque.

Le 1 étant un stylo, vous pouvez également le visualiser comme un encrier, un pinceau, un dessinateur, une tache.

Voici quelques suggestions pour élargir le reste de votre système :

2 Le canard : **avion**, pilote, fusée, ciel, espace

3 Les menottes : policier, grilles, juge, **prison**

4 Le voilier : mer, poissons, plage, **marin**, surfeur

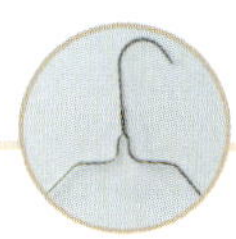

5 Le crochet : porte-manteau, grue, fourche, **ascenseur**

6 Le canon : **fusil**, pistolet, balle, armure, soldat

7 La lampe : soleil, feu, allumettes, **torche**

8 Le bonhomme de neige : neige, pluie, glacier, **patineur**

9 La glace : bonbons, goûter, dîner, **glacière**, cuisinier

10 Les mains : doigts, porte, outils, **meubles**, artisan

11 Le train : cheminot, gare, **automobile**, route, garage

12 L'horloge : **montre**, ressorts, pendule, agenda, calendrier

Concentrez-vous un moment sur chacun des douze nombres, en laissant votre imagination créer des images. Bien qu'élargi, le système de mémorisation des nombres fonctionne comme précédemment, mais avec un réservoir d'images plus important.

Le lien entre l'image et l'objet

Avec un peu de pratique, vous pouvez transformer n'importe quelle suite de chiffres en une image clé évocatrice. Faites en sorte que les images aient un rapport direct avec ce dont vous souhaitez vous souvenir. Ce point est essentiel pour le bon fonctionnement du système : il faut toujours un lien entre les images clés et la raison pour laquelle vous les créez. De même que les images doivent vous venir immédiatement à l'esprit, chacune d'elles doit évoquer tout de suite l'information qu'elle représente.

Si vous désirez, par exemple, vous souvenir que les Nations unies ont été créées en 1945, il vous faudra établir un lien logique entre les images créées pour mémoriser cette date et l'idée des Nations unies. Vous pouvez imaginer que vous utilisez un pinceau (1) pour écrire les initiales « NU » sur une glacière (9), que vous la donnez à un marin (4) s'apprêtant à prendre l'ascenseur (5) dans l'immeuble des Nations unies. En procédant de cette manière, il vous suffira ensuite de penser aux Nations unies pour retrouver cette scène et savoir qu'elles ont été créées en (1)(9)(4)(5) (pinceau-glacière- marin-ascenseur). Inversement, les initiales inscrites sur la glacière vous rappelleront que cette date a un rapport avec les Nations unies.

Situez vos images

À gauche : Il est utile de situer les images dans des cadres appropriés, comme un pot destiné à recevoir des crayons ou des pinceaux, qui peuvent les uns et les autres représenter le chiffre 1. Le cadre d'une image peut par ailleurs vous fournir des détails supplémentaires, susceptibles de jouer un rôle dans l'élaboration de votre histoire imaginaire.

Établissez des liens parlants

Ci-dessous : Laissez jouer votre imagination pour établir des liens directs entre les nombres et les images clés. Ainsi, vous disposerez d'évocations divertissantes pour retenir des informations abstraites. L'idée de peindre « NU » sur une glacière, par exemple, établit un lien immédiat entre les chiffres 1 et 9 et l'information à laquelle ils se rapportent.

Les examens et les tests

Apprenez comment les passer avec succès

OBTENIR DE BONS RÉSULTATS AUX TESTS ET AUX EXAMENS EST UNE CONDITION ESSENTIELLE POUR ATTEINDRE VOS OBJECTIFS ET RÉALISER VOS RÊVES.

L'EXEMPLE DES ENFANTS
Les adultes aiment rarement passer des tests. Les jeunes enfants, à l'inverse, les trouvent souvent intéressants et amusants. Enseignez à vos enfants et à vos petits-enfants les meilleures techniques d'apprentissage et de mémorisation, encouragez-les à se servir de leur imagination : ils continueront d'apprécier — et de ne pas craindre — les tests lorsqu'ils deviendront adultes.

Les tests apparaissent très tôt dans la vie scolaire, et deviennent ensuite de plus en plus fréquents. Nombre de professions requièrent aussi d'avoir à passer des tests de temps à autre. Les promotions sont souvent liées à des réussites à des examens, tout comme la possibilité de participer à certaines formes d'activités sociales.

Si vous êtes capable de réviser efficacement, de vous présenter sans crainte et de vous montrer créatif et concentré, vous disposez d'un avantage considérable dans de nombreux domaines. Alors, pourquoi n'apprend-on pas ces comportements à tout le monde ? On indique aux élèves ce qui leur arrivera s'ils échouent, mais on oublie souvent de leur apprendre à apprendre. Ainsi grandissons-nous en ayant peur d'affronter les examens.

Considérés d'une manière positive, les examens peuvent être des épreuves agréables qui offrent la chance de récolter les fruits de son travail. Réviser peut se révéler amusant, voire passionnant. L'examen lui-même, loin d'être terrifiant, peut être vécu comme un défi que l'on éprouve le plus grand plaisir à relever.

La première chose à faire est d'aborder les examens dans un état d'esprit positif. N'entendons-nous pas trop de gens déclarer à l'avance qu'ils vont échouer ? Il ne faut pas s'étonner que le trac les prive de tous leurs moyens. Comment quelqu'un peut-il donner le meilleur de lui-même quand il est obsédé par la peur de l'échec ?

Savoir se motiver

Pour sortir de cet état d'esprit négatif, réexaminez vos motivations. Concentrez-vous sur les avantages d'une réussite plutôt que sur un éventuel échec. Peut-être un examen réussi vous permettra-t-il d'entrer dans une bonne école, d'améliorer votre salaire, d'être intégré à un programme intéressant, de changer votre mode de vie... ou simplement de passer des vacances tranquilles. Ancrez dans votre esprit les raisons pour lesquelles vous devez travailler, et pensez aux bénéfices que vous tirerez de votre effort.

Le meilleur moyen d'avoir confiance en soi est d'étudier correctement. On se présente souvent aux examens rongé par la crainte du « trou noir », fatigué par des nuits de révisions, sans connaître ses atouts ni ses lacunes.

En utilisant des techniques d'apprentissage efficaces, toutes les informations dont vous avez besoin de vous souvenir sont à tout instant à votre portée, bien rangées dans votre mémoire. Servez-vous de votre imagination pour vous visualiser le jour de l'examen, calme, détendu, parfaitement maître de vous.

Une bonne atmosphère de travail

Étudiez dans un environnement adapté. Choisissez une pièce agréable, ni trop fraîche ni trop chaude, bien éclairée et aérée, et un siège confortable, sur lequel vous ne risquez ni d'avoir des crampes ni de vous endormir. Évitez les bruits distrayants. La musique peut vous aider, mais certaines personnes préfèrent le silence total.

Assurez-vous que vous ne serez pas interrompu, et concentrez-vous pendant quelques instants. Si vous en ressentez le besoin, vous pouvez visualiser votre lieu de détente favori (page 46).

La voix intérieure
À gauche et ci-dessous : Vous pouvez accroître votre confiance en vous en faisant taire la petite voix intérieure qui vous souffle des pensées négatives – je déteste ce travail, je suis fatigué, je n'y arriverai jamais... Imaginez plutôt la voix d'un entraîneur ou d'un ami, qui vous assure que vous êtes à la hauteur.

Un investissement rentable

Ne vous mettez pas au travail sans avoir rassemblé tout le matériel nécessaire : stylos, papier, notes, documentation, etc. Déterminez avec précision ce que vous devez savoir pour votre examen, et assurez-vous que vous le comprenez bien. Autrement, tous vos efforts seraient inutiles. Le temps passé à se préparer ou à réviser n'est jamais du temps perdu.

La qualité plutôt que la quantité

On est souvent tenté d'assimiler rapidement le plus grand nombre de choses possible. Cette réaction est une erreur, parce qu'il est plus important de bien apprendre que d'apprendre beaucoup. Quand votre esprit commence à vagabonder, ne vous obstinez pas, faites une pause et détendez-vous en laissant votre mémoire se reposer. C'est en procédant à des essais que vous arriverez à déterminer quel est votre rythme de travail le plus productif.

Quel que soit le sujet étudié, faites appel aux techniques de mémorisation. Décomposez l'information en différents éléments, créez des images clés pour représenter chacun d'eux, puis reliez-les au moyen d'un récit imaginaire ou en les intégrant dans une structure mentale. Si vous en remplissez chaque zone, quelques structures suffisent pour un examen. Noms, dates, statistiques, nombres, idées... tous les types de données peuvent être logés dans une même structure.

Sachez vous organiser

Une bonne organisation joue toujours un rôle important dans la préparation psychique d'un examen. Adoptez un fétiche qui vous donnera le moral.

Par exemple, vous pouvez diviser la matière « Histoire contemporaine » en sous-sections, puis mettre en évidence quelques faits essentiels, comme :

Le mont Everest : gravi en 1953 par Hillary et Tensing

Dans l'une des zones de votre structure, visualisez l'Everest. Imaginez les deux grimpeurs à sa base, regardant vers le sommet : Hillary *rit* quand on lui affirme que cette escalade est impossible ; Tensing montre une grande *tension*.

Avec une grue, les deux hommes hissent un policier au sommet afin de connaître les conditions météorologiques. La grue (5) et le policier (3) vous permettront de vous souvenir que l'Everest a été conquis en 1953.

Le temps passé à organiser vos informations et à ordonner des images clés est loin d'être perdu. Lors de l'examen, toutes les données se présenteront sans effort à votre esprit. N'ayant à craindre aucun trou de mémoire, vous serez dans les meilleures conditions pour réussir.

Donnez de la vie à vos images
Ci-dessus : Créez des images mentales très détaillées. Vous pouvez, par exemple, faire ressembler vos personnages imaginaires à Hillary et à Tensing. Introduisez vos propres émotions : imaginez le froid qu'ils ont enduré, ce qu'ils ont ressenti après leur victoire... Vous verrez que les techniques de mémorisation permettent de rendre les informations vivantes en même temps qu'elles en facilitent la restitution.

LES ITINÉRAIRES

PARCE QUE LE SYSTÈME DES STRUCTURES MENTALES EST FONDÉ SUR L'IDÉE DE DÉPLACEMENTS IMAGINAIRES, IL CONSTITUE UNE EXCELLENTE MÉTHODE D'APPRENTISSAGE ET DE MÉMORISATION DES ITINÉRAIRES.

SIGNES DISTINCTIFS
La signalisation routière utilise des symboles et des couleurs facilement identifiables par les automobilistes.

TROUVER SA DIRECTION

Des études montrent qu'hommes et femmes diffèrent dans leur manière de se souvenir des itinéraires. Les premiers se fient plutôt à des abstractions – noms des rues, distances, orientations –, tandis que les secondes mémorisent les caractéristiques du paysage. Les mêmes travaux soulignent aussi que la plupart des gens, quel que soit leur sexe, se perdent très souvent ou oublient des indications essentielles.

Il est parfois très difficile de se souvenir d'un itinéraire compliqué. La personne à qui vous demandez votre route ignore ce qu'il vous serait utile de savoir : soit elle vous donne trop peu de détails, soit elle vous submerge sous un flot d'informations qui vous égarent encore plus. Par ailleurs, vous êtes vous-même énervé ou très impatient, et répugnez à interrompre votre interlocuteur ou à lui faire répéter ses explications.

Dans des situations de ce genre, les structures mentales sont très utiles, car elles emploient un paysage familier. Les différentes directions sont transformées en images et intégrées, en ordre, dans la structure. Comme vous connaissez par cœur la disposition de ces zones, il ne vous reste plus qu'à les parcourir comme vous en avez l'habitude pour retrouver les images clés que vous y avez placées.

Imaginez, par exemple, qu'on vous a donné par téléphone les indications suivantes :

« Tournez à gauche, puis à droite au premier croisement. Au sommet de la colline, tournez de nouveau à droite, dépassez le magasin de voitures et le centre commercial, puis tournez à gauche et longez l'aéroport. Franchissez le pont. Ma maison est dans la première allée à droite. »

Choisissez une structure mentale que vous connaissez bien, comme la structure B (le bureau). Parcourez-la en esprit et placez dans chacune de ses zones, dans l'ordre, une image clé très simple représentant l'une des étapes de votre itinéraire. Tournez ensuite la page pour voir comment vous pouvez faire fonctionner votre système.

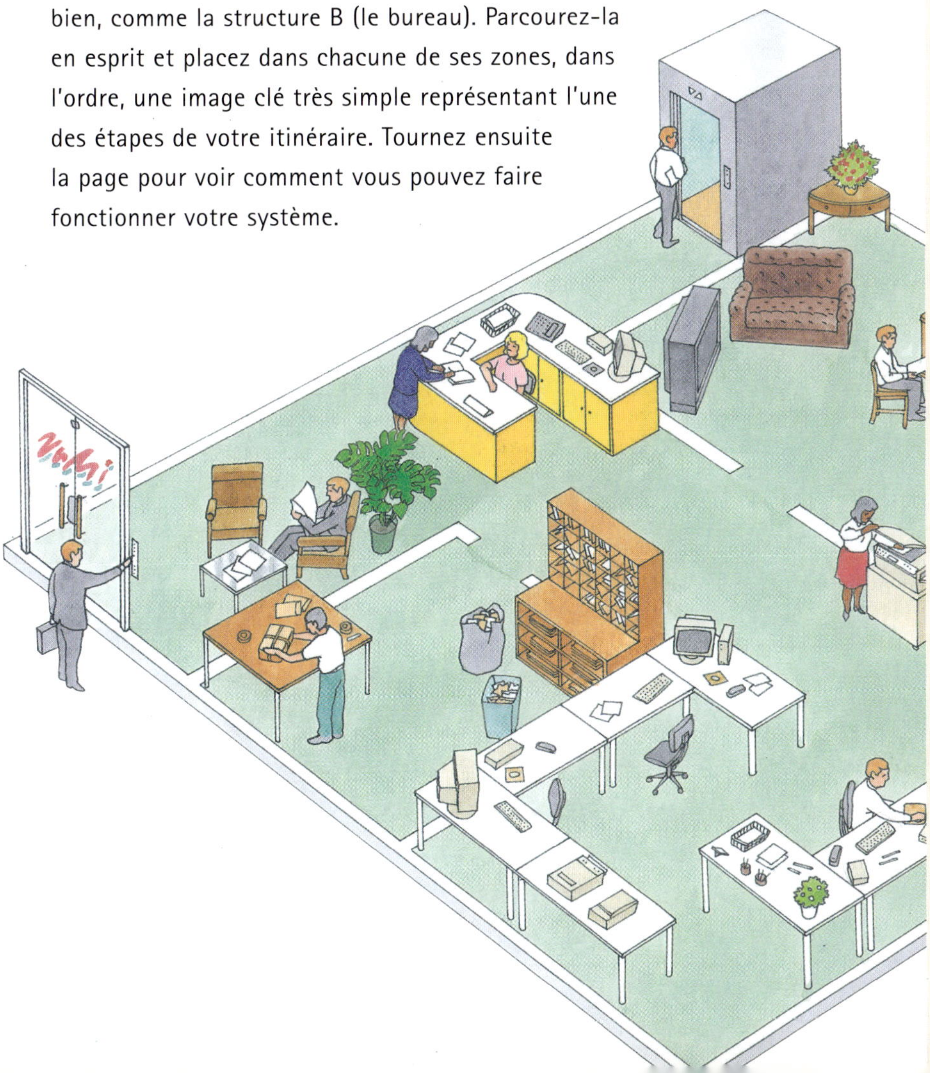

ÉTAPES ET IMAGES CLÉS

DÉCOMPOSEZ L'ITINÉRAIRE EN ÉTAPES, ET REPRÉSENTEZ-LES PAR DES IMAGES CLÉS.

tourner à gauche

tourner à droite

aller au sommet de la colline

tourner à droite

dépasser le magasin de voitures

dépasser le centre commercial

tourner à gauche

longer l'aéroport

franchir le pont

tourner à droite

L'INSERTION DES INFORMATIONS : POUR MÉMORISER CET ITINÉRAIRE, SI VOUS AVEZ CHOISI LA STRUCTURE B, LE BUREAU, VOUS POUVEZ LE VISUALISER AINSI :

1 L'ENTRÉE

Une énorme agrafeuse est posée à gauche de la porte, vous rappelant que vous devez tourner immédiatement à gauche en sortant de chez vous.

2 LE HALL

L'horloge du bureau a été déplacée et accrochée au mur droit du hall, vous rappelant que vous devez tourner à droite au premier croisement.

3 LA RÉCEPTION

Le standard de l'hôtesse d'accueil se trouve en haut d'un large plan incliné, vous rappelant que vous devez rouler jusqu'au sommet de la colline.

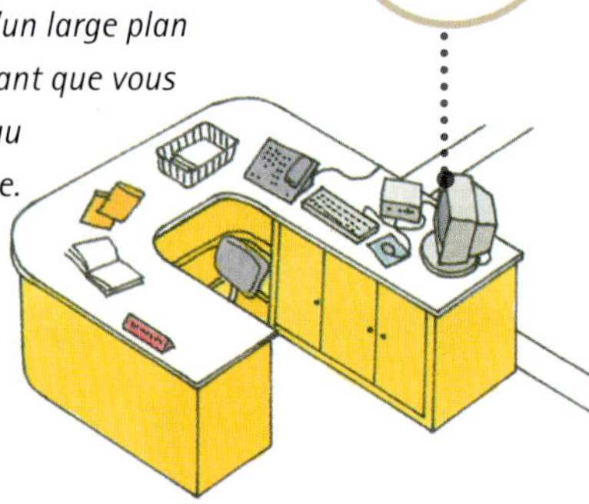

4 LA SALLE DU COURRIER

Seule la partie droite de la pièce contient du courrier. Toutes les lettres portent la mention « Important », attirant votre attention sur elles et vous rappelant que vous devez tourner à droite.

5 VOTRE BUREAU

Des petites voitures sont posées sur votre table de travail, vous rappelant que vous devez dépasser le hall d'exposition de voitures d'occasion.

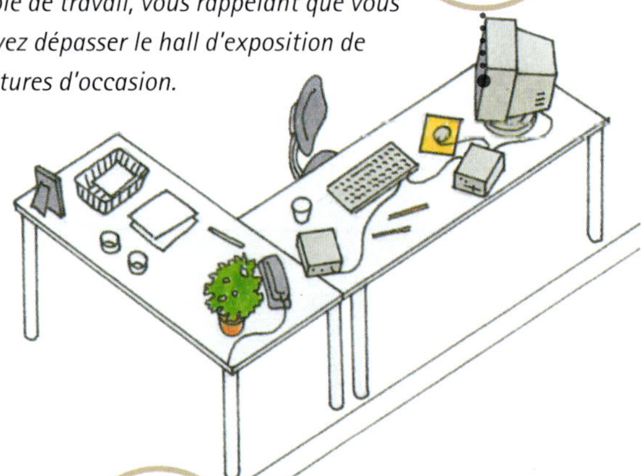

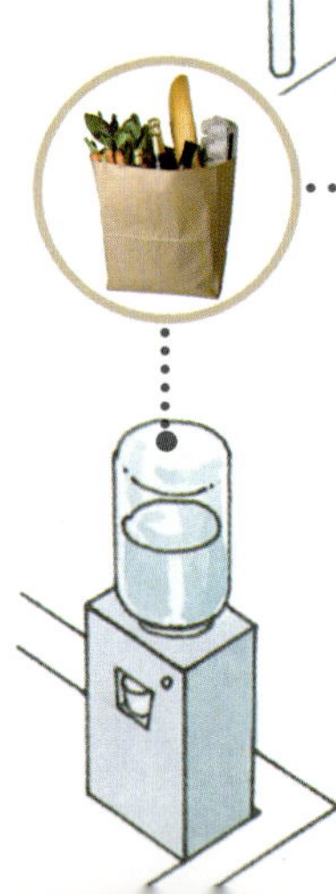

6 LA FONTAINE

Elle est entourée de sacs à provisions, vous signalant que vous devez aussi dépasser le centre commercial.

7 LES TOILETTES

Quelqu'un a oublié un rasoir sur la tablette du lavabo de gauche. Instinctivement, vous voulez le ranger, ce qui vous rappelle que vous devez tourner à gauche.

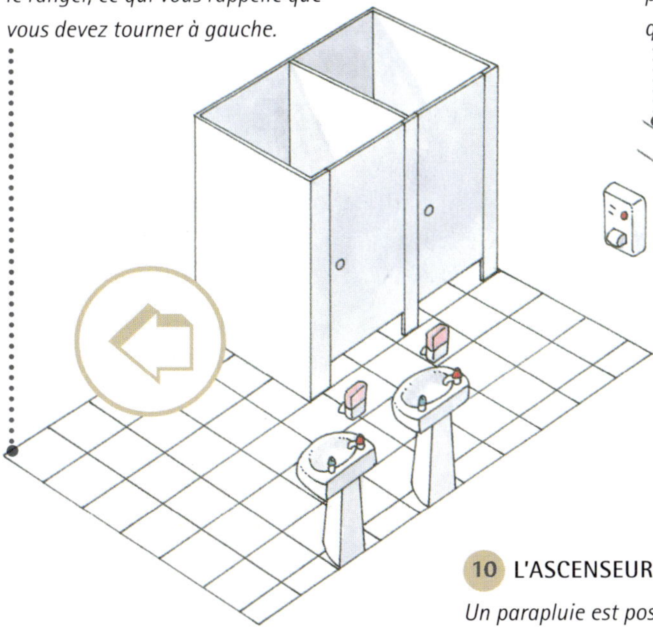

8 LA PHOTOCOPIEUSE

Des lunettes de soleil et une casquette de pilote de ligne sont posées sur l'appareil, vous signalant que vous devez longer l'aéroport.

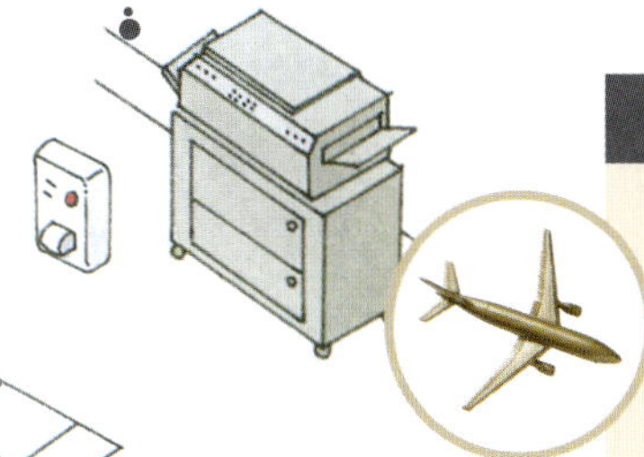

AJOUTEZ DES DÉTAILS

IL EST POSSIBLE D'INSÉRER DES DÉTAILS SUPPLÉMENTAIRES DANS LA STRUCTURE. VOUS POUVEZ, PAR EXEMPLE, CONVERTIR LES NUMÉROS DES ROUTES EN IMAGES ET LES PLACER DANS LES ZONES CORRESPONDANTES. UNE PAIRE DE MENOTTES ACCROCHÉES À UNE POIGNÉE DE PORTE ÉVOQUE AINSI LA NATIONALE 33 ; UN CANON SITUÉ AU CENTRE D'UNE PIÈCE, PRÊT À TIRER SUR UNE LAMPE DE BUREAU PLACÉE À SA DROITE, VOUS RAPPELLERA QUE VOUS DEVEZ TOURNER À DROITE POUR PRENDRE LA DÉPARTEMENTALE 67. VOUS POUVEZ AUSSI INCLURE LES DISTANCES À PARCOURIR D'UN POINT À UN AUTRE DU PARCOURS. IL VOUS SUFFIT DE RECOURIR AU SYSTÈME DE MÉMORISATION DES NOMBRES ET DE DISPOSER DES IMAGES CLÉS DANS LES ZONES ADÉQUATES. APRÈS AVOIR MÉMORISÉ VOTRE ITINÉRAIRE DE CETTE MANIÈRE, VOUS POURREZ PARTIR CONFIANT, EN ÉTANT CERTAIN QUE VOUS ATTEINDREZ VOTRE DESTINATION SANS DIFFICULTÉ.

10 L'ASCENSEUR

Un parapluie est posé contre la paroi de droite. Vous êtes tenté de le récupérer, ce qui vous rappelle que vous devez prendre la première allée à droite.

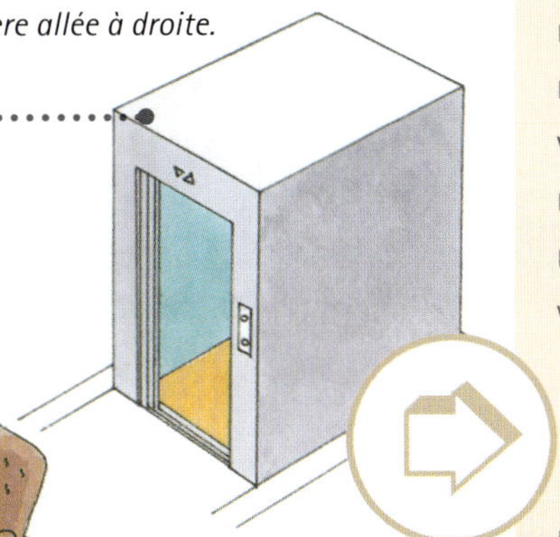

9 LE BUREAU DE VOTRE PATRON

Des pêcheurs à la ligne y sont installés, vous rappelant que vous devez emprunter le pont qui franchit la rivière.

Les langues étrangères

LES TECHNIQUES DE MÉMORISATION PRÉSENTÉES DANS CE LIVRE PERMETTENT D'ORGANISER ET DE TRANSFORMER LES INFORMATIONS AFIN DE LES RENDRE COMPATIBLES AVEC LE FONCTIONNEMENT NATUREL DE VOTRE ESPRIT, ET DONC AISÉMENT ACCESSIBLES. CE SYSTÈME EST TOTALEMENT DIFFÉRENT DES MÉTHODES TRADITIONNELLES D'ENSEIGNEMENT DES LANGUES ÉTRANGÈRES.

PLUS FACILE QUE VOUS NE LE PENSEZ
Un séjour dans un pays étranger est plus agréable si l'on connaît quelques rudiments de la langue qui y est pratiquée. Mémorisez quelques mots courants, assemblez-les en phrases simples, et vous serez surpris par la rapidité de vos progrès. Dites-vous qu'apprendre une langue est une chose tout à fait naturelle.

À l'école, on explique rarement comment retenir la langue étrangère étudiée. Même si vous étiez bon élève, vous n'avez sans doute jamais eu assez confiance en vous pour la parler. Vous en gardez peut-être quelques vagues souvenirs, insuffisants pour les mettre en pratique.

Les techniques développées dans ce livre sont tout à fait indiquées pour l'étude des langues étrangères. Grâce à elles, plutôt qu'une expérience frustrante et interminable, l'étude d'une langue peut être rapide, efficace et étonnamment gratifiante.

Commencer par le vocabulaire

Le meilleur moyen de se familiariser rapidement avec une langue consiste à mémoriser assez de vocabulaire pour s'en servir lors de séjours dans le pays concerné. Si vous apprenez les mots dans un contexte concret, votre aptitude à les maîtriser s'accroîtra de manière considérable.

Malheureusement, nous nous décourageons souvent par avance en disant que « nous ne sommes pas doués pour les langues ».

Pour mémoriser du vocabulaire, la clé est une fois de plus l'imagination.

LE VOCABULAIRE INTERNATIONAL
Vous n'imaginez pas combien de mots étrangers vous connaissez déjà, ou dont vous pouvez déduire aisément le sens. Un grand nombre de langues ont les mêmes racines, et présentent de ce fait de multiples ressemblances. Les trois mots ci-contre, tirés du « vocabulaire international », sont identiques dans beaucoup de langues.

SANDWICH
Danois : sandwich
Anglais : sandwich
Français : sandwich

TENNIS
Français : le tennis
Allemand : das Tennis
Anglais : tennis

RADIO
Français : la radio
Allemand : das Radio
Anglais : the radio

Il suffit de créer une image pour chaque mot, en lui associant de nombreux détails évocateurs.

Si vous apprenez plusieurs langues, utilisez une structure différente pour chacune d'elles.

Situez l'image clé dans une zone appropriée de la structure. Par exemple, pour vous rappeler comment on dit « arbre » dans une autre langue, placez l'image de ce mot dans un parc ou dans une forêt, et visualisez-la avec précision, afin qu'elle s'inscrive dans votre esprit.

LES MOTS QUI NE CHANGENT PAS

Même si vous n'avez pas encore commencé à étudier la langue choisie, vous connaissez déjà une partie de son vocabulaire, car de nombreuses langues dérivent d'un petit groupe de très anciennes langues mères, comme le latin, le grec, le celte, voire le sanskrit. Chaque fois que vous trouvez un mot qui est identique dans votre langue natale, visualisez son image en la faisant devenir transparente, comme si elle était en verre et passée aux rayons X. Quand vous découvrirez l'une de ces images transparentes dans votre réserve mentale, vous saurez que le mot étranger recherché est le même que celui de votre langue natale.

LES MOTS LIÉS PAR UN SENS VOISIN

Certains mots étrangers découlent de la même racine que ceux de votre langue natale. Si vous pouvez déterminer un lien entre un mot et sa traduction, il vous suffit alors de l'inclure dans votre image clé pour vous en souvenir.

Par exemple, en espagnol, « fini » se dit *terminado* – un terme facile à retenir si l'on pense à « terminé » ou au film *Terminator*. Visualisez, dans la zone adéquate de votre structure mentale, un panneau « fini » accroché par le Terminator lui-même, Arnold Schwarzenegger, qui l'a barré pour écrire « terminé ».

Quand vous penserez à « fini », le mot « terminé » vous viendra aussitôt à l'esprit, et votre image mentale vous permettra de retrouver le terme espagnol, *terminado*. En apprenant une langue, cherchez toujours des liens de ce type entre les mots. Ils vous permettront de vous constituer plus rapidement un vocabulaire de base.

Des mots pour tous les pays

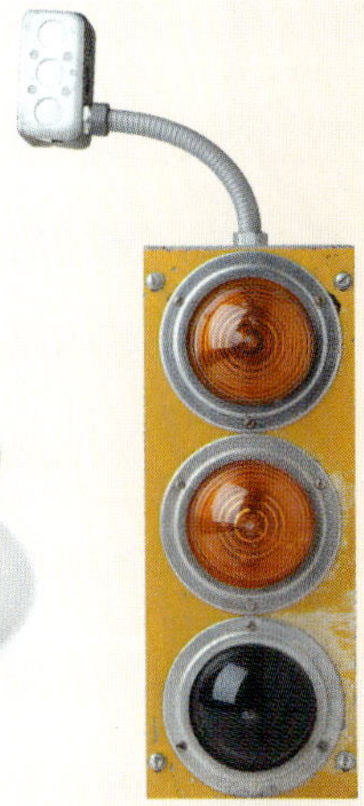

Une même étymologie

Les mots français pantalon *et anglais* pants *viennent de l'italien* pantaleone, *un personnage de la commedia dell'arte.*

Une même popularité

Le café est une boisson consommée dans le monde entier. Il porte un nom très proche – comme coffee *ou* Kaffee *– dans de nombreuses langues.*

Un même usage

Les mots sont parfois remplacés par des symboles internationaux aisément compréhensibles par tous, comme ceux de la signalisation routière.

Créer des liens entre les mots

Lorsqu'il n'existe aucun lien visible entre un mot et sa traduction, vous devez en créer un. À quoi ressemble le mot ? Que vous évoque-t-il ? La méthode est la même que celle servant à retenir les noms propres (pages 86-89) : associez des images au mot, puis placez-les dans la zone de votre structure mentale où se trouve l'équivalent dans votre langue.

Par exemple, le mot allemand pour fromage étant *Käse*, si vous êtes francophone, vous pouvez imaginer une pièce contenant des meubles dont toutes les cases sont occupées par un fromage. Vous créez ainsi un lien dans votre esprit. Quand vous chercherez comment on dit « fromage » en allemand, vous verrez les cases et trouverez immédiatement le mot *Käse*.

Le mot espagnol pour « homme » est *hombre*. Pour établir un lien entre les deux mots, imaginez, dans l'une des zones de votre structure, un homme dormant à l'ombre.

Voici quelques autres exemples d'associations possibles :

Anglais : canard se dit *duck*. Imaginez un canard avec une couronne, ou un duc affublé d'un bec de canard.

Allemand : chapeau se dit *Hut*. Pensez que vous ôtez votre chapeau à l'intérieur d'une hutte en bois.

Italien : gare se dit *stazione*. Visualisez quelqu'un qui stationne dans une gare en attendant le train.

Selon les langues, un mot peut être masculin, féminin ou neutre. Pour vous souvenir de son genre, ajoutez une caractéristique à son image clé, – comme une couleur, une odeur ou un son –, qui vous permettra de savoir immédiatement dans quelle catégorie il se range. En enrichissant vos images d'une multitude de détails qui vous « parlent » directement, vous disposerez bientôt d'un véritable stock de références, dans lequel vous n'aurez qu'à puiser pour trouver tous les mots dont vous aurez besoin.

LA CULTURE GÉNÉRALE

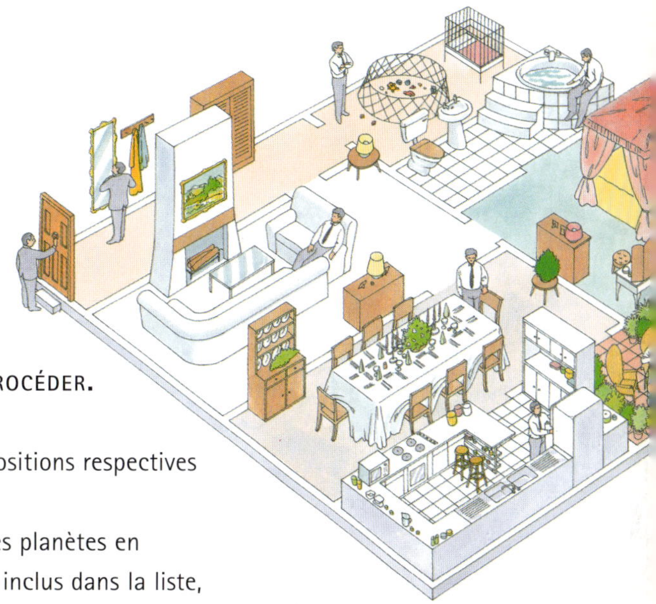

QUE CE SOIT POUR PASSER UN EXAMEN, POUR PARTICIPER À UN JEU TÉLÉVISÉ, OU TOUT SIMPLEMENT PAR CURIOSITÉ PERSONNELLE, IL EST TOUJOURS UTILE D'ORGANISER SES CONNAISSANCES. VOICI DE QUELLE FAÇON VOUS POUVEZ PROCÉDER.

Imaginons, par exemple, que vous désirez vous souvenir des positions respectives des planètes du système solaire.

Vous allez utiliser la structure A (la maison) pour classer les planètes en fonction de la distance qui les sépare du Soleil. Ce dernier est inclus dans la liste, afin de rappeler qu'il se trouve au centre du système.

La première étape consiste à assigner une image clé à chaque astre considéré.

1 Le Soleil : un objet représentant le Soleil
2 Mercure : un thermomètre
3 Vénus : la déesse de l'Amour, représentée par des cœurs
4 La Terre : de la terre
5 Mars : le dieu de la Guerre, représenté par un soldat
6 Jupiter : le plus gros astre, figuré par un énorme j
7 Saturne : son nom fait penser à Satan
8 Uranus : un bloc d'uranium
9 Neptune : le dieu de la Mer, symbolisé par un navire
10 Pluton : la plus petite planète, figurée par un minuscule p

1 LA PORTE D'ENTRÉE

Imaginez que le heurtoir en cuivre de la porte, brillant et tiède, a la forme du Soleil.

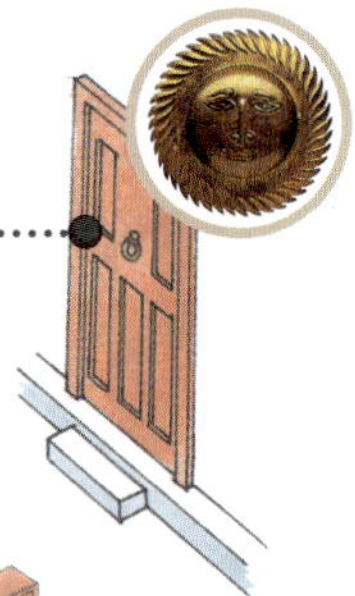

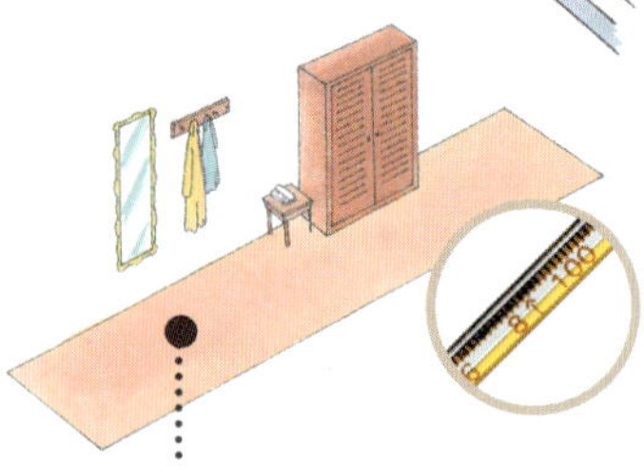

2 LE HALL

Un énorme thermomètre à mercure est accroché au mur pour indiquer la température de la pièce.

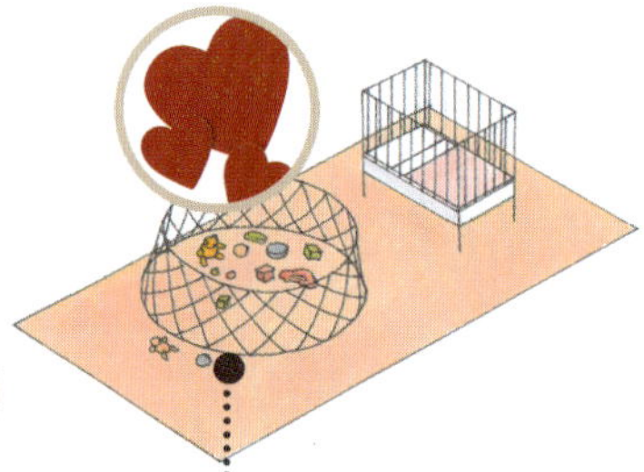

3 LA CHAMBRE D'ENFANTS

Le sol de la pièce est recouvert d'innombrables cœurs en papier, laissés là par l'amoureuse Vénus.

4 LA SALLE DE BAINS

Quelqu'un a jeté une pelletée de terre sur le carrelage, vous empêchant de vous préparer pour la soirée prévue.

5 LA CHAMBRE

Deux armées de petits soldats s'affrontent, sous l'œil attentif du dieu Mars.

6 LE SALON

Une gigantesque lettre J, tombée de Jupiter, a traversé le toit de la pièce pour venir s'écraser sur le canapé.

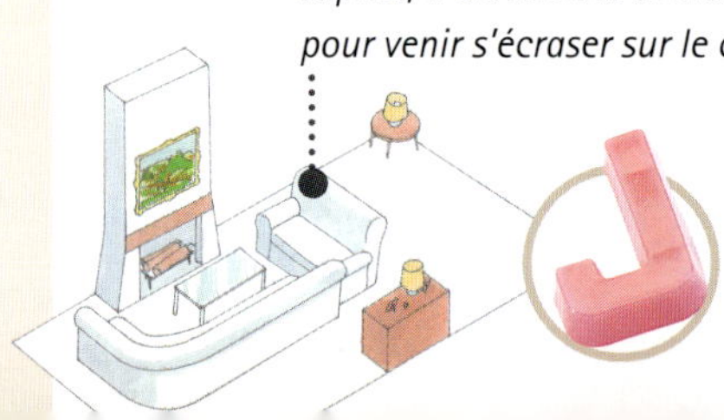

7 LA SALLE À MANGER

Satan (Saturne) a planté sa fourche brûlante au milieu de la grande table, dont le bois carbonisé continue de fumer.

8 LA CUISINE

Un bloc d'uranium radioactif (symbole d'Uranus) a été découvert sous l'évier.

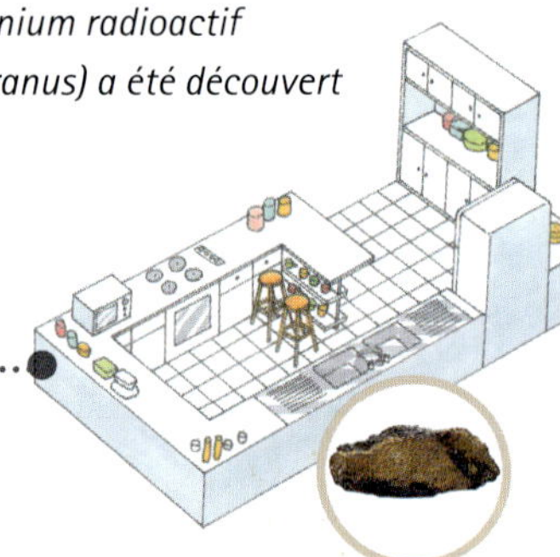

9 LE BUREAU

Des canalisations d'eau ayant crevé, la pièce est inondée, pour le plus grand plaisir de Neptune.

10 LA VÉRANDA

Une minuscule lettre p, venue de Pluton, est tombée dans le pot de l'une de vos plantes vertes.

MÉMORISEZ LE CIRCUIT

PARCOUREZ MENTALEMENT CE CIRCUIT À PLUSIEURS REPRISES, D'ABORD À L'ENDROIT, PUIS À L'ENVERS, EN VOUS ARRÊTANT SUR CHAQUE IMAGE CLÉ. VOUS CONNAÎTREZ BIENTÔT PAR CŒUR TOUTES LES INFORMATIONS QU'IL CONTIENT.

Test de progression n° 5

Qui sont-ils ?

ESSAYEZ DE MÉMORISER LE NOM ET LES CARACTÉRISTIQUES DES CINQ PERSONNES CI-DESSOUS.

JEAN LESTRADE
Musicien de profession, il adore jouer au golf.

MARIE MANCINI
Infirmière, elle a deux chiens et aime faire du shopping.

FRED DELLAROCCA
Représentant de commerce, il est marié à Jeanine.

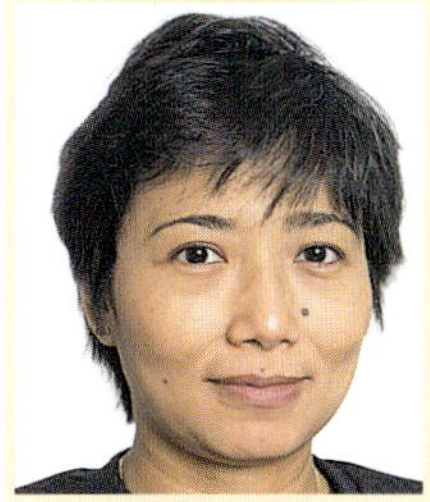

LILY CHANG
Artiste-peintre, c'est une fanatique d'Internet.

CHARLES METTAIS
Dessinateur industriel, il passe ses vacances sur la Côte d'Azur.

EFFORCEZ-VOUS DE RETENIR TOUS LES DÉTAILS CONCERNANT CES CINQ PERSONNES, PUIS TOURNEZ LA PAGE POUR VÉRIFIER VOS RÉSULTATS.

Par où dois-je passer ?

CHOISISSEZ UNE STRUCTURE MENTALE POUR MÉMORISER L'ITINÉRAIRE CI-DESSOUS. DÈS QUE VOUS ÊTES CERTAIN DE L'AVOIR BIEN RETENU, TOURNEZ LA PAGE POUR VÉRIFIER VOS RÉSULTATS.

« Quittez le parking par la sortie nord et tournez à gauche sur la départementale 25. Continuez jusqu'à l'église. Tournez à gauche et roulez cinq kilomètres. Au croisement, tournez à gauche, puis à droite, et vous verrez la station d'essence où je vous attends. »

Les présidents français

VOICI DIX NOMS DE PRÉSIDENTS DE LA RÉPUBLIQUE FRANÇAISE. CHOISISSEZ UNE STRUCTURE MENTALE QUE VOUS CONNAISSEZ BIEN. CRÉEZ DES IMAGES CLÉS, PUIS INSÉREZ-LES DANS LA STRUCTURE EN UTILISANT TOUS LES DÉTAILS QUE VOUS POURREZ IMAGINER.

Gaston Doumergue	Charles de Gaulle
Paul Doumer	Georges Pompidou
Albert Lebrun	Valery Giscard d'Estaing
Vincent Auriol	François Mitterrand
René Coty	Jacques Chirac

Quels sont vos résultats

Qui sont-ils ?

1

2

3

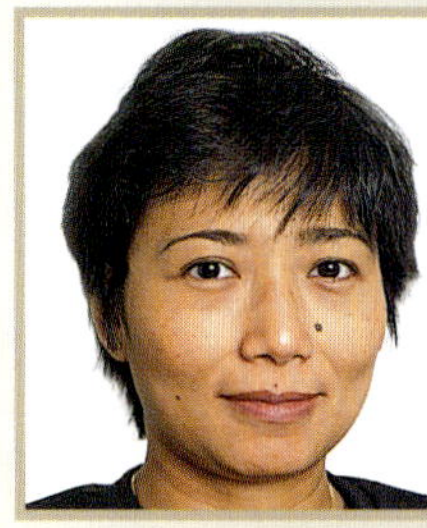

4

5

Par où dois-je passer ?

ÉCRIVEZ L'ITINÉRAIRE QUE VOUS DEVIEZ MÉMORISER. UTILISEZ VOS IMAGES CLÉS POUR EN RETROUVER LES DIFFÉRENTES ÉTAPES.

Les présidents français

EN PARCOURANT VOTRE STRUCTURE, RETROUVEZ DANS L'ORDRE LES NOMS DES PRÉSIDENTS FRANÇAIS.

Résumons-nous

SE SOUVENIR DU NOM DE CHAQUE PERSONNE EST UN ATOUT ESSENTIEL DANS LA VIE SOCIALE ET PROFESSIONNELLE. POUR ÉVITER LES SITUATIONS EMBARRASSANTES, FAITES APPEL AUX RESSOURCES DE VOTRE MÉMOIRE.

POUR TIRER LE MEILLEUR PARTI de votre mémoire dans vos rapports avec les autres, souvenez-vous que toute information doit être compatible avec le fonctionnement naturel de votre esprit.

- Pour mémoriser le nom d'une personne, associez-lui une image mentale. Amplifiez-la, ajoutez des détails, établissez un lien solide entre cette image et la personne concernée.
- Pour vous souvenir des dates importantes (rendez-vous, fêtes, etc.), fabriquez des « archives mentales » grâce au système de mémorisation des nombres. Toute information peut être décomposée et représentée par une suite d'images clés.
- Pour apprendre une langue étrangère, servez-vous de votre imagination en vous appuyant sur les ressemblances entre les mots. Lorsque aucun lien n'est discernable, créez-en un en vous inspirant de la prononciation du mot ou des images qu'il vous évoque.

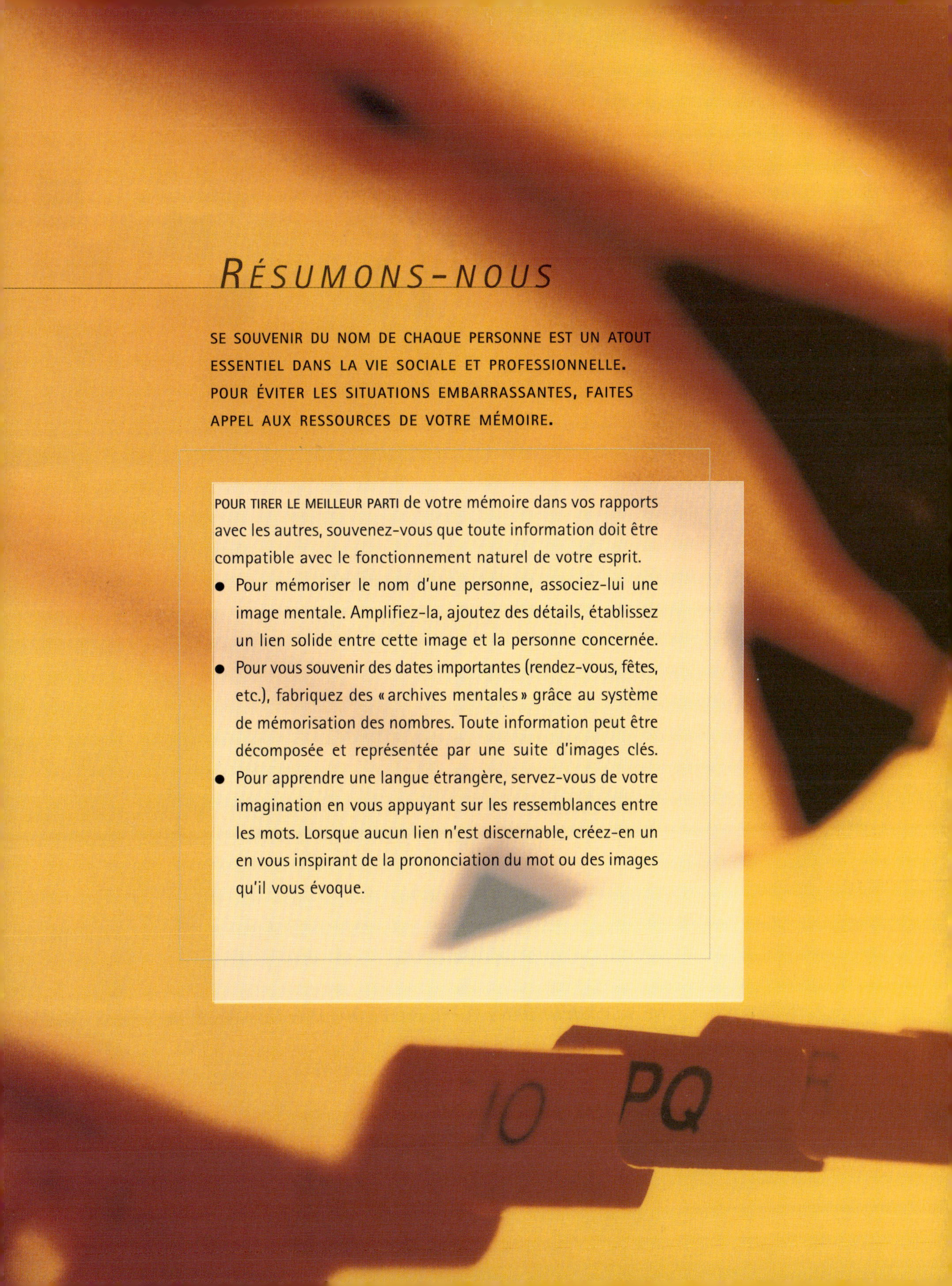

APPLICATIONS AVANCÉES

LES TECHNIQUES DE MÉMORISATION SONT UTILES DANS TOUS LES DOMAINES DE LA VIE. EN VOUS SERVANT DE STRUCTURES INSPIRÉES DE LIEUX RÉELS OU IMAGINAIRES, VOUS POUVEZ VOUS PRÉPARER MENTALEMENT À TOUTES LES SITUATIONS, ET LES AFFRONTER AINSI AVEC CONFIANCE. VOUS POUVEZ MÊME CRÉER DES « ZONES D'ENTRAÎNEMENT VIRTUELLES » POUR VISUALISER VOTRE RÉUSSITE JUSQU'À CE QUE NE SUBSISTENT DANS VOTRE ESPRIT QUE DES IMAGES ET DES ÉMOTIONS POSITIVES, TOURNÉES VERS LE SUCCÈS.

SACHEZ VOUS ORGANISER

LES STRATÉGIES DE MÉMORISATION EXPOSÉES DANS CE LIVRE SONT APPLICABLES À TOUTES LES SITUATIONS DU QUOTIDIEN. TOUTEFOIS, DANS CE CHAPITRE, NOUS VOUS PRÉSENTONS QUELQUES TECHNIQUES PLUS SPÉCIFIQUES, DESTINÉES À DES SITUATIONS MOINS COURANTES MAIS DANS LESQUELLES UNE BONNE MÉMOIRE PEUT AUSSI VOUS VENIR EN AIDE.

Une bonne organisation est au centre de toute technique efficace de mémorisation. Les informations doivent être triées, décomposées puis ordonnées de manière à ce qu'on puisse aisément les retrouver. En procédant ainsi, vous serez à même d'établir des priorités et d'affronter les situations difficiles sans perdre votre sang-froid.

Considérons, par exemple, le stress que représente un départ en vacances. Les techniques de mémorisation vous permettront de vous souvenir des tâches à remplir, des affaires à emporter, des détails concernant les diverses réservations. À la fin de votre séjour, vous pourrez également organiser votre retour sans crainte de vous tromper ou d'oublier quelque chose derrière vous.

Créez des systèmes efficaces

Mettez vos capacités à l'épreuve en mémorisant cette liste d'informations sur vos vacances.

Avant de partir :
faire suivre le courrier ;
prévenir les voisins ;
conduire le chien au chenil.

À acheter :
crème solaire ; insecticide ;
pellicules photograhiques.

À mettre dans les bagages à main :
passeports ; billets d'avion ; argent ;
appareil photographique.

À mettre sans faute dans les valises :
crème solaire ; insecticide ;
guides de voyage ; tenues de bain.

Détails du voyage :
Aller : vol Air France 219,
départ à 14 h 30.

Retour : vol Air France 220,
départ à 10 h 45.

Adresse de l'hôtel :
Les Palmiers, boulevard de l'Océan.

Données complémentaires

Laissez assez de place dans votre structure mentale pour pouvoir intégrer des données complémentaires.

Numéro de la place de parking à l'aéroport.

Numéro de la chambre d'hôtel.

Combinaison du coffre de la chambre d'hôtel.

Quand vous connaîtrez ces informations, vous pourrez les mémoriser à l'aide d'images clés et placer celles-ci dans les zones encore libres de votre structure.

Créer des systèmes de mémorisation
Pour créer des systèmes de mémorisation efficaces, utilisez à la fois votre sens de l'organisation et votre créativité. Ces deux qualités vous seront très utiles, par exemple, pour préparer correctement un départ en vacances.

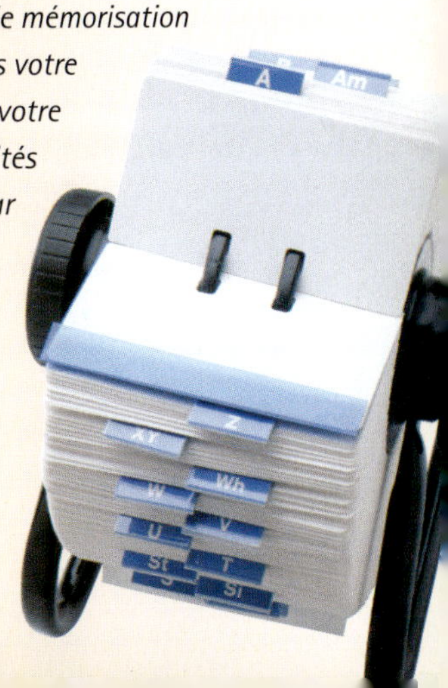

STRUCTURE D : LE CHÂTEAU FORT

POUR VOUS PERMETTRE DE MÉMORISER RAPIDEMENT ET EFFICACEMENT LES DEUX LISTES DE LA PAGE PRÉCÉDENTE, NOUS VOUS PROPOSONS UNE QUATRIÈME STRUCTURE MENTALE, LE CHÂTEAU FORT. CE LIEU IMAGINAIRE COMPORTE LUI AUSSI DIX ZONES.

10 LES ÉCURIES

Chevaux et ânes sont soignés dans ce vieux bâtiment de pierre. Les palefreniers les emmènent parfois paître dans les champs qui entourent le château.

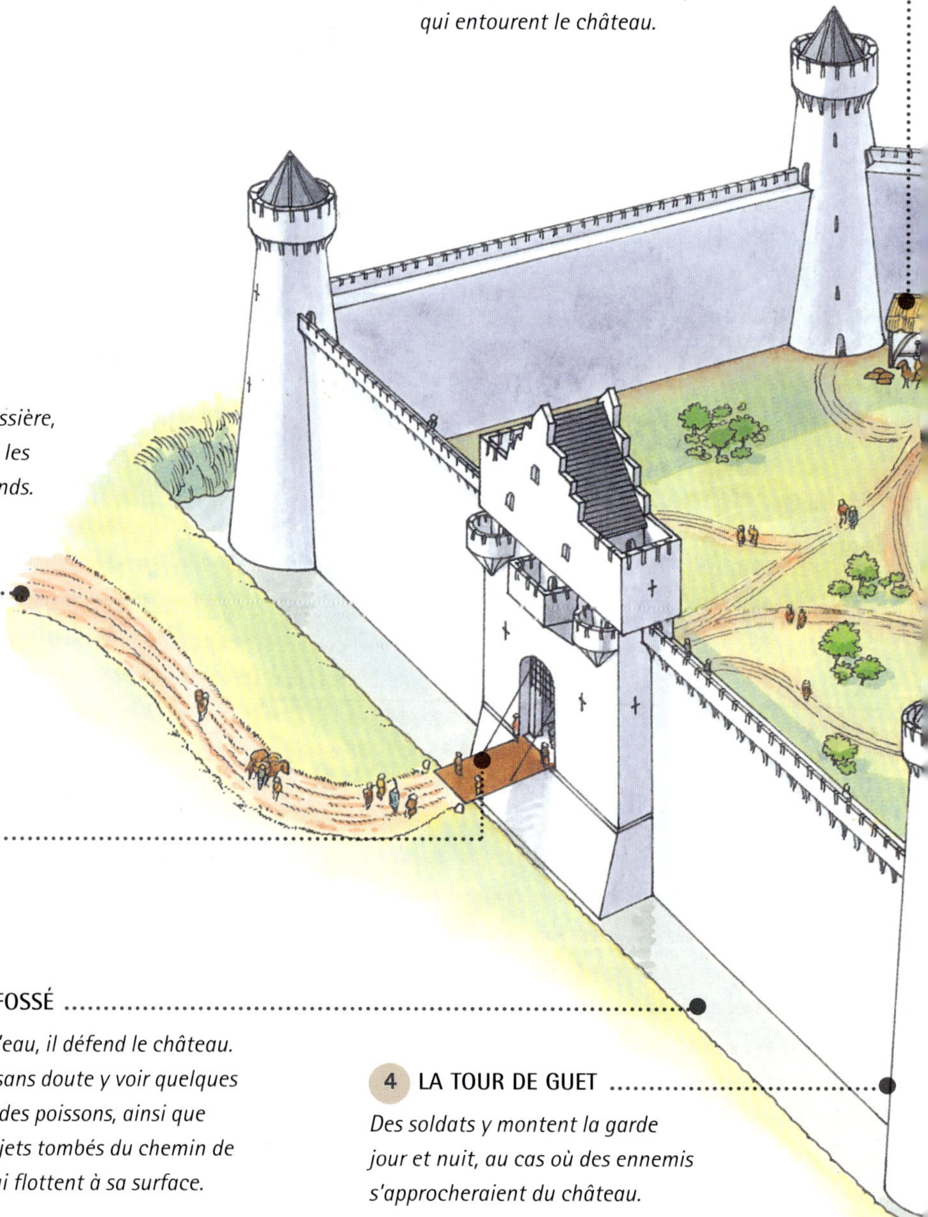

1 LA ROUTE DU CHÂTEAU

Quels détails vous frappent ? La poussière, les ornières laissées par les chevaux, les soldats et les charrettes des marchands.

2 LE PONT-LEVIS ET LA HERSE

Une intense activité règne en cet endroit, de l'aube au crépuscule. Des avis sont affichés près de la porte. Chaque soir, le pont-levis est relevé, et la herse baissée.

3 LE FOSSÉ

Rempli d'eau, il défend le château. On peut sans doute y voir quelques canards, des poissons, ainsi que divers objets tombés du chemin de ronde, qui flottent à sa surface.

4 LA TOUR DE GUET

Des soldats y montent la garde jour et nuit, au cas où des ennemis s'approcheraient du château.

9 LE DONJON

C'est la tour la plus élevée de la région. À son sommet flotte une bannière aux armes du seigneur.

VISUALISEZ LES ZONES

COMME TOUJOURS, PRENEZ LE TEMPS D'ÉTUDIER CETTE STRUCTURE, EN LA PARCOURANT DANS UN SENS PUIS DANS L'AUTRE. ARRÊTEZ-VOUS UN INSTANT DANS CHAQUE ZONE, INSCRIVEZ-LA DANS VOTRE MÉMOIRE ET AJOUTEZ-LUI, SI VOUS LE DÉSIREZ, DES DÉTAILS SUPPLÉMENTAIRES DE VOTRE CRU.

8 LE BALCON D'HONNEUR

Le seigneur et les nobles s'y montrent de temps à autre, en grand apparat, pour saluer leurs loyaux sujets.

7 LA TOURELLE DU HÉRAUT

C'est du haut de cette plateforme que le héraut s'adresse à la population, entre deux appels de trompettes.

6 LES REMPARTS

Les remparts sont très hauts et très épais. De temps à autre, les habitants du château s'amusent à y grimper à l'aide de cordes.

5 LE MARCHÉ

Vêtus de couleurs vives, fermiers et artisans y tiennent des étals animés, où ils vendent toutes sortes de marchandises dont ils vantent la qualité en criant.

UTILISEZ CETTE STRUCTURE POUR MÉMORISER TOUTES LES DONNÉES CONCERNANT VOS VACANCES, EN INSÉRANT DES IMAGES CLÉS DANS CHAQUE ZONE. CHOISISSEZ DES IMAGES QUI S'INTÈGRENT À VOTRE DÉCOR TOUT EN VOUS RAPPELANT D'UNE MANIÈRE PRÉCISE CE QUE VOUS AVEZ À FAIRE ET CE DONT VOUS DEVEZ VOUS SOUVENIR.

1 LA ROUTE DU CHÂTEAU

AVANT DE PARTIR. *La malle-poste transportant le courrier s'est renversée sur le côté de la route. Parmi les enveloppes qui volent dans le vent, vous apercevez un journal dont la première page montre la photographie de vos voisins. Le titre de l'article indique qu'ils sont accusés d'avoir volé votre chien.*

3 LE FOSSÉ

À METTRE DANS LES BAGAGES À MAIN. *Un vieux sac à main en cuir flotte sur l'eau. À côté du fossé se dresse un distributeur automatique portant l'inscription « Délivrance des passeports ». Vous appuyez sur le bouton, mais ce sont des billets d'avion qui sortent de la machine. Furieux, vous lui donnez un coup de pied : un mécanisme jaillit et vous photographie.*

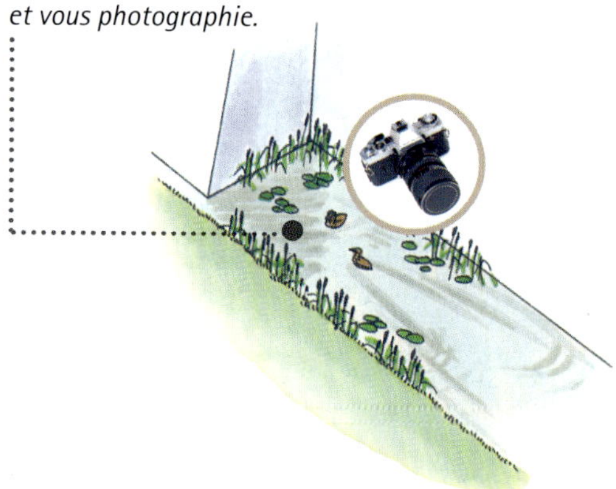

2 LE PONT-LEVIS ET LA HERSE

À ACHETER. *Des sacs de provisions pleins à ras bord sont alignés sur le pont-levis. En vous approchant, vous constatez que les planches sont enduites de crème solaire, qui les rend glissantes et attire d'innombrables moustiques. Vous les chassez en agitant des pellicules.*

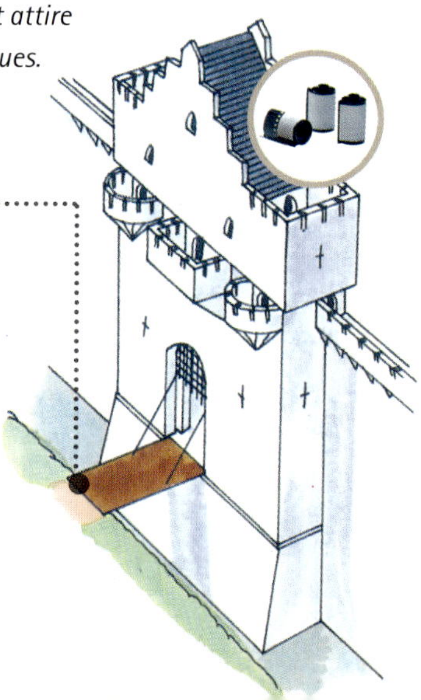

4 LA TOUR DE GUET

À METTRE SANS FAUTE DANS LES VALISES. *Vous admirez le paysage du haut de la tour quand vous voyez vos bagages éparpillés dans un champ. Vous vous précipitez et ouvrez la première valise. Elle est pleine de crème solaire qui attire un essaim de moustiques. Vous les chassez en brandissant vos guides de voyage. Lorsque les moustiques sont partis, vous enfilez votre tenue de bain et plongez dans l'eau tiède du fossé.*

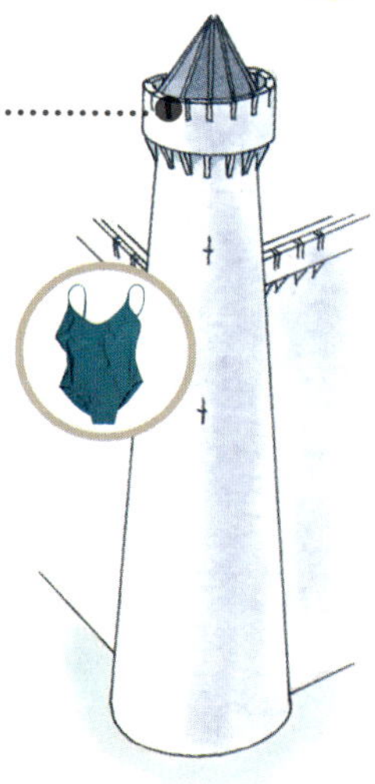

5 LE MARCHÉ

VOYAGE ALLER. *Un avion a atterri sur un étal. Des canards (2) l'observent avec curiosité. L'un d'eux essaye de le dessiner (1) sur une feuille de papier, tandis qu'un autre mange une glace (9). Le premier canard trempe son pinceau (1) dans une flaque d'eau (4) quand il est arrêté par deux policiers (3) qui jouaient jusqu'alors au volley (0) avec les passagers de l'avion.*

8 LE BALCON D'HONNEUR

ADRESSE DE L'HÔTEL. *À l'occasion d'une réception, les serviteurs ont disposé sur le balcon des palmiers en pots et une draperie représentant l'océan.*

10 LES ÉCURIES

COMBINAISON DU COFFRE DE LA CHAMBRE D'HÔTEL. *Comme les écuries sont vides, vous pouvez y insérer les images qui vous permettront de mémoriser la combinaison du coffre.*

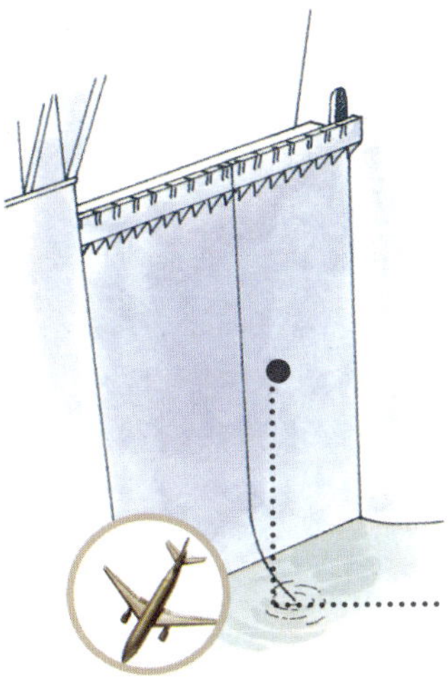

6 LES REMPARTS

VOYAGE RETOUR. *Le pilote (2) et le copilote (2) de l'avion grimpent au sommet des remparts, puis ils jouent au football (0), écrivent (1) SOS sur le ballon (0) et le lancent dans le fossé (4), où il s'accroche à l'hameçon (5) d'un pêcheur.*

9 LE DONJON

NUMÉRO DE LA CHAMBRE D'HÔTEL. *Le chemin de garde du donjon est actuellement vide, prêt à accueillir les images clés que vous choisirez pour retenir le numéro de votre chambre.*

7 LA TOURELLE DU HÉRAUT

NUMÉRO DE LA PLACE DE PARKING À L'AÉROPORT. *Cette zone ne contient pour l'instant aucune image. Placez-y des images clés qui vous permettront de retenir le numéro de votre place de parking.*

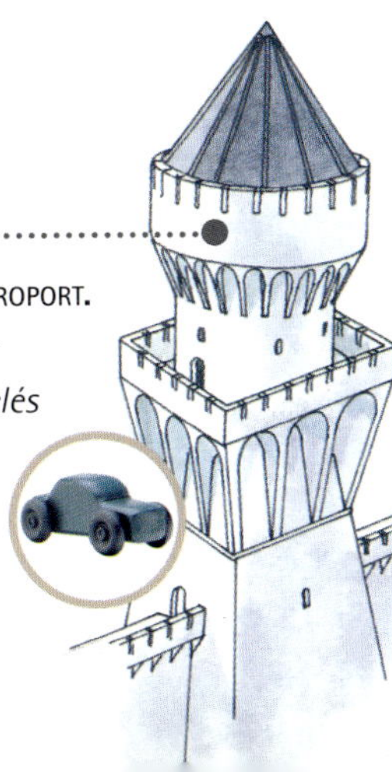

UN SUPPORT FIABLE

REMPLIE D'IMAGES ET DE SCÈNES ÉVOCATRICES, CETTE STRUCTURE CONSTITUE UN SUPPORT FIABLE QUI VOUS PERMET DE VOUS SOUVENIR DE TOUS LES DÉTAILS CONCERNANT VOS VACANCES. VOUS POUVEZ MÊME Y INSÉRER DES INFORMATIONS DE DERNIÈRE MINUTE. GRÂCE À ELLE, DU MOMENT OÙ VOUS FEREZ SUIVRE VOTRE COURRIER JUSQU'À CELUI OÙ VOUS RENTREREZ CHEZ VOUS, VOUS SEREZ SÛR DE NE RIEN OUBLIER ET PROFITEREZ PLEINEMENT DE VOS VACANCES.

Prenez la parole en public

Sous les feux de la rampe
Si l'idée d'avoir à parler en public vous remplit de frayeur, utilisez les ressources de votre imagination pour visualiser cette épreuve d'une manière totalement positive.

DES RECHERCHES ONT MONTRÉ QUE LA PLUPART DES GENS AURAIENT PLUS PEUR DE S'EXPRIMER EN PUBLIC QUE DE MOURIR. ON PEUT EN DÉDUIRE QUE, LORS D'UN ENTERREMENT, LA PLUPART DES PRÉSENTS PRÉFÉRERAIENT ÊTRE DANS LE CERCUEIL PLUTÔT QUE DE PRONONCER L'ÉLOGE FUNÈBRE.

Pourquoi avons-nous si peur de parler en public ? Certainement pas par crainte de ne pas maîtriser le sujet car, même si cela demande des recherches et de la préparation, nous sommes presque toujours invités à traiter de choses que nous connaissons bien. En fait, ce qui nous effraie, c'est le moment où nous devons ouvrir la bouche – et plus particulièrement la nécessité de nous souvenir clairement de ce que nous avons prévu de dire.

Nous craignons d'être paralysé de trac, de ne pas savoir répondre aux questions, de montrer notre angoisse. Et plus nous sommes nerveux, plus notre mémoire nous abandonne. C'est pourquoi la plupart des gens ont horreur de parler en public. Qu'en est-il alors des rares exceptions qui semblent ne pas redouter cette épreuve, dont la mémoire demeure fiable dans les circonstances les plus difficiles ? Ces personnes adorent être sous les projecteurs ; elles savent parler ou interviewer les autres sans avoir apparemment jamais le moindre problème de mémoire. Elles ont développé une aptitude à s'exprimer naturellement fondée sur un certain nombre de facteurs essentiels.

1 Le contact visuel

Une personne qui baisse sans cesse la tête pour lire ses notes ne regarde pas son public dans les yeux. Il en résulte qu'elle semble avoir mal préparé son allocution, ce qui est souvent faux. Il y a de fortes chances qu'elle devienne de plus en plus nerveuse à mesure qu'elle parle parce que, ne voyant pas ses auditeurs, elle s'inquiète de leur réaction. Elle ne se sentira pas à l'aise avec son public et ne donnera pas d'elle une impression favorable.

2 LA COMPRÉHENSION

Lorsqu'on lit un texte, l'esprit a tendance à vagabonder. À l'inverse, quand on parle de mémoire, on utilise des images clés pour se souvenir des principaux points de son discours. Aussi pense-t-on sans cesse à la signification de ses paroles. En vous déplaçant à l'intérieur d'une structure mentale, vous vous concentrez sur vos idées ; vous paraissez bien préparé, maîtrisant votre sujet sur le bout des doigts.

JOYEUX ANNIVERSAIRE
Les repas d'anniversaire sont des occasions où l'on risque de vous demander de prendre la parole pour porter un toast, faire l'éloge de quelqu'un ou raconter une histoire. Si vous avez confiance en votre mémoire, vous aborderez ces moments avec plaisir au lieu de les vivre dans la terreur.

3 LA SOUPLESSE

Les techniques de mémorisation présentées dans ce livre permettent de parler en se fiant entièrement à sa mémoire. Votre discours n'est pas figé. Vous en connaissez tous les éléments importants, ainsi que l'ordre dans lequel ils se présentent, mais vous avez aussi la possibilité de le modifier, d'ajouter des détails, de tenir compte des suggestions de vos auditeurs. Vous pouvez même changer l'enchaînement de vos propos de manière à les adapter aux circonstances, voire de donner l'impression qu'ils sont improvisés.

4 LA CONSCIENCE DU TEMPS

Lorsque vous vous appuyez sur une structure mentale pour prononcer une allocution, vous savez à chaque instant où vous en êtes. Selon les contraintes de temps qui vous sont imposées, vous pouvez accélérer, ralentir ou garder le même rythme, en étant sûr que vous finirez de parler au bon moment, après avoir dit tout ce que vous aviez prévu de dire.

5 LA CONFIANCE EN SOI

Avec une bonne mémoire, vous ne dépendez pas de notes écrites ou de pense-bêtes. Vous savez que toutes les informations nécessaires sont à votre disposition dans votre esprit. Aussi pouvez-vous vous exprimer calmement, d'une manière plaisante, voire avec une certaine éloquence, et n'avez-vous à redouter ni les questions impertinentes ni les digressions.

Prononcez un discours de mémoire

POUR PRÉPARER ET PRONONCER UN DISCOURS DE MÉMOIRE, IL SUFFIT DE SUIVRE LES CINQ ÉTAPES SUIVANTES.

Première étape

Déterminer ce que l'on veut dire. Écrire les idées générales. Ajouter quelques détails. Remanier le plan de son exposé jusqu'à ce qu'il soit parfaitement clair.

Deuxème étape

Dégager les principaux éléments. Décomposer l'exposé en chapitres distincts, comme pour un livre.

Troisième étape

Visualiser des images clés. En créer une pour chaque section du discours. Dans un livre, comment serait illustré chaque chapitre ? Rendre les images concrètes et évocatrices.

Quatrième étape

Sélectionner une structure mentale. Il est particulièrement important d'en choisir une que l'on connaît très bien car, tout en parlant, il faut la visualiser sans effort et la parcourir instinctivement de zone en zone. Une fois la structure choisie, associer chacune de ses zones à l'une des parties de l'exposé, et y placer l'image clé qui la représente.

Cinquième étape

Une fois la base en place, ajouter des détails et des images clés. Certaines parties du discours n'exigent qu'une image pour être mémorisées, d'autres nécessitent des images supplémentaires pour retenir des noms, des dates, des nombres, des événements, etc.

Star d'un moment

Même si ce n'est pas pour recevoir un oscar, nous devons tous parler de temps à autre devant un auditoire, sans avoir recours à des notes. Quelles que soient les circonstances, la préparation en cinq étapes présentée ci-dessus vous permettra d'être sûr de vous et d'en retirer un certain plaisir.

Bilan et perspectives

Prenons le cas d'un directeur qui doit prononcer un discours sur la situation de sa société et ses perspectives d'avenir. En préparant son exposé, il peut dégager quatre thèmes essentiel : l'état des finances, la formation du personnel, les stimulants et les primes, les objectifs.

L'image clé pour l'état des **Finances** peut être des sacs d'argent remplissant la première zone de la structure mentale.

La deuxième zone est pleine de chronomètres et d'équipements de sport, représentant la **Formation** du personnel.

Pour les **Stimulants** et les primes, l'image placée dans la troisième zone peut représenter des bonbons ou du chocolat.

Dans la quatrième zone, les **Objectifs** de la société sont figurés par des cibles de tir à l'arc ou de jeu de fléchettes.

Si, dans la première zone, la somme la plus importante à retenir est treize millions de francs, le directeur la mémorise en se voyant dessiner (1) des menottes (3) sur un mur ou sur des sacs d'argent. Il procédera de même pour les autres zones, en ajoutant à leur image clé d'autres images destinées à lui rappeler les détails du discours.

Habituez-vous à parler de mémoire, et vous deviendrez de plus en plus performant dans vos communications. Sachant que vous pouvez compter sur votre mémoire, vous serez capable de diriger des réunions, de faire des exposés ou de donner des interviews à tout moment. Vous en viendrez même à apprécier de plus en plus ces occasions de faire la preuve de vos capacités mentales.

Visualisez les nombres

Utilisez le système de mémorisation des nombres pour retenir les dates, les sommes, etc. Les pinceaux, par exemple, sont une bonne image pour se souvenir du chiffre 1.

SOIGNEZ LA PRÉPARATION

VOUS DEVEZ NON SEULEMENT MÉMORISER LES INFORMATIONS DONT VOUS AVEZ BESOIN, MAIS VOUS SERVIR ÉGALEMENT DE VOTRE IMAGINATION AFIN DE VOUS METTRE DANS UN ÉTAT D'ESPRIT FAVORABLE. UTILISEZ DES IMAGES MENTALES POUR VOUS DÉTENDRE, VOUS CONCENTRER SUR VOTRE OBJECTIF ET VOUS PERSUADER QUE VOS EFFORTS SONT PLEINEMENT JUSTIFIÉS.

LES DÉTAILS
Mémoriser les détails importants – comme les dates – vous permet d'affronter sans crainte toutes les épreuves intellectuelles, qu'il s'agisse de jeux télévisés ou de n'importe quels autres tests de connaissances générales.

Imaginez que vous avez été sélectionné pour participer à un jeu-concours télévisé. Vous devez tout d'abord mémoriser les informations suivantes :

1 Date de l'enregistrement : 12 février
2 Rendez-vous au studio : 16 heures
3 Adresse du studio : rue des Roses
4 Nom de votre contact : Richard Martini

Vous devez savoir de quelle façon se déroulera le jeu :

5 Première partie : culture générale
6 Deuxième partie : première spécialité (le base-ball)
7 Troisième partie : deuxième spécialité (le cinéma)

Vous devez penser à la manière dont vous vous comporterez sur le plateau, en vous concentrant sur l'idée de :

8 Parler clairement, lentement, avec aisance et assurance

Ces huit informations peuvent être représentées par des images clés, placées dans une structure mentale. Les deux dernières zones de la structure ne contenant aucune donnée, elles auront pour but, respectivement, de vous rappeler pourquoi vous avez souhaité participer à ce jeu, et de vous aider à vous détendre.

La zone de motivation

La zone de motivation doit être remplie d'images représentant ce que vous pouvez gagner, afin de vous rappeler pourquoi vous désirez remporter ce concours. Elle doit aussi contenir des images suggérant les autres bénéfices à tirer de votre victoire, comme la fierté de vos proches ou simplement la satisfaction personnelle d'avoir réussi.

La zone de relaxation

La zone de relaxation doit être un lieu de détente idéal, comme celui visualisé page 43. En vous permettant d'évacuer votre stress et de vous concentrer, elle agit comme un levier qui optimalise les résultats.

Grâce à la structure A (la maison), les deux pages suivantes montrent comment un seul cadre mental peut vous permettre de vous préparer de façon optimale à donner le meilleur de vous-même, quel que soit le défi que vous vous apprêtez à relever.

Le Rubik's Cube
Le Rubik's Cube a connu un succès extraordinaire dans le monde entier. Ceux qui parvenaient à résoudre l'énigme — le plus souvent des enfants jouant contre la montre — se servaient des couleurs et des formes pour mémoriser avec précision la suite de mouvements menant à la solution.

Sur un plateau de télévision

LA STRUCTURE A, LA MAISON, EST EMPLOYÉE ICI POUR MÉMORISER LES INFORMATIONS PRATIQUES, LES THÈMES À RÉVISER ET LA PRÉPARATION PSYCHOLOGIQUE DU JEU-CONCOURS TÉLÉVISÉ PRÉSENTÉ PAGE 122.

1 LA PORTE D'ENTRÉE

Pour retenir la date du jeu (le 12/2), visualisez un énorme pinceau (1) tenu par un canard (2), qu'un second canard (2) tente de lui arracher. Le premier canard, installé sur la marche, essaye de noter quelque chose sur son agenda.

4 LA SALLE À MANGER

Un homme muni d'un micro est assis à la table. Il ressemble d'une manière étonnante à Richard Gere et déguste un Martini.

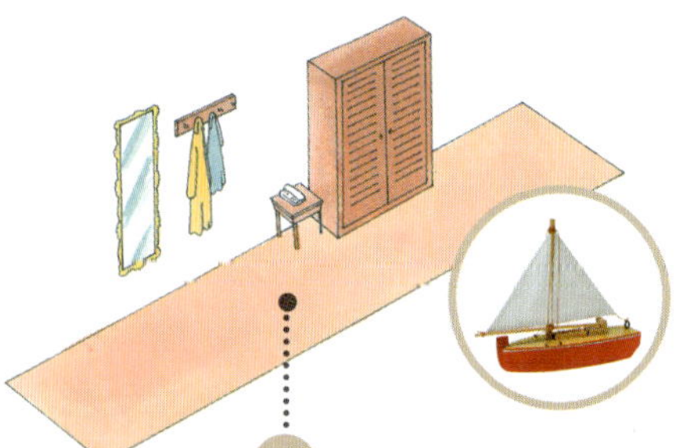

2 LE HALL

Pour mémoriser l'heure (16 heures), imaginez qu'un immense navire (4) bloque le passage. Une horloge est dessinée sur sa coque.

5 LA CUISINE

Des encyclopédies, des dictionnaires et des atlas sont empilés sur le plan de travail, dans le four, dans l'évier. Il y en a même un dans le grille-pain.

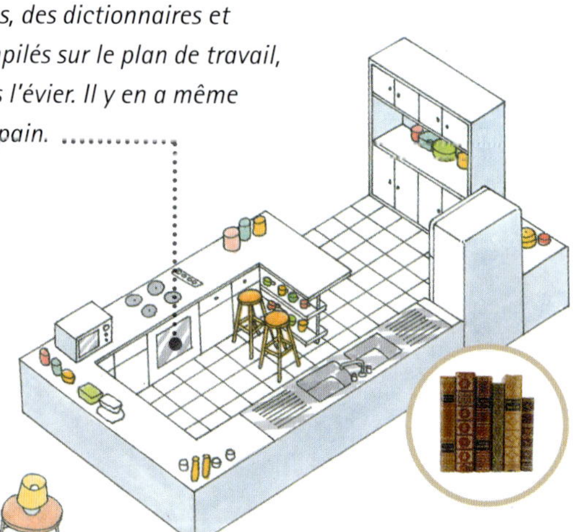

3 LE SALON

Cette pièce est remplie de roses. Le tableau fixé au-dessus de la cheminée représente l'entrée du studio de télévision. Cette image vous permettra de vous souvenir de l'adresse du studio.

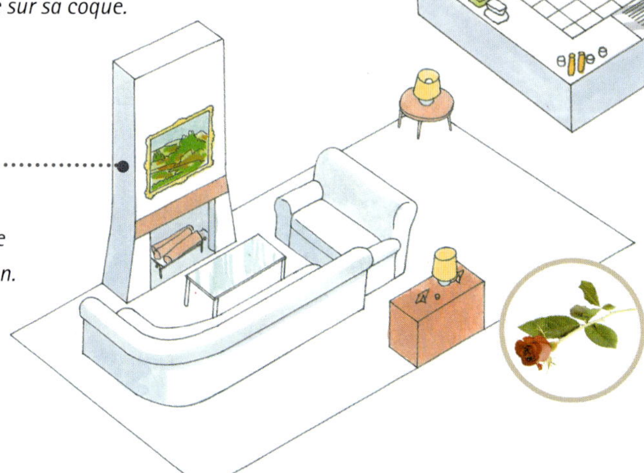

6 LA VÉRANDA

Une partie de base-ball s'y déroule, opposant quelques-uns des plus grands joueurs de ce sport, qui courent autour des sièges ou cherchent des balles dans les plantes vertes.

7 LE BUREAU

Il est occupé par des idoles du cinéma. Marilyn Monroe tape à la machine, assise devant la table, tandis que Burt Lancaster, suspendu au lustre, fait du trapèze et que Tom Cruise, affalé dans le fauteuil, sirote un whisky en discutant avec Arnold Schwarzenegger.

8 LA CHAMBRE

Imaginez-vous assis dans le lit, en train de participer au jeu. La présence d'un micro dans votre main vous incite à parler clairement, et celle d'un métronome sur le chevet à parler lentement. Vous feuilletez négligemment un manuel de conversation, signe que vous êtes totalement sûr de vous.

9 LA SALLE DE BAINS

Cette pièce est votre zone de motivation. Elle est encombrée de cadeaux : chèques, appareils électroniques, billets d'avion, trophées, etc. Sur le mur, une photographie vous représente brandissant un oscar sous les applaudissements de votre famille et de vos amis. Chaque fois que vous passez par cette zone, vous êtes puissamment motivé pour gagner le concours.

10 LA CHAMBRE D'ENFANTS

C'est votre zone de relaxation : installlez-y votre siège préféré, choisissez des teintes, une lumière et une température agréables. En entrant dans cette pièce, vous laissez derrière vous toutes vos pensées négatives, vous vous sentez à la fois calme et concentré.

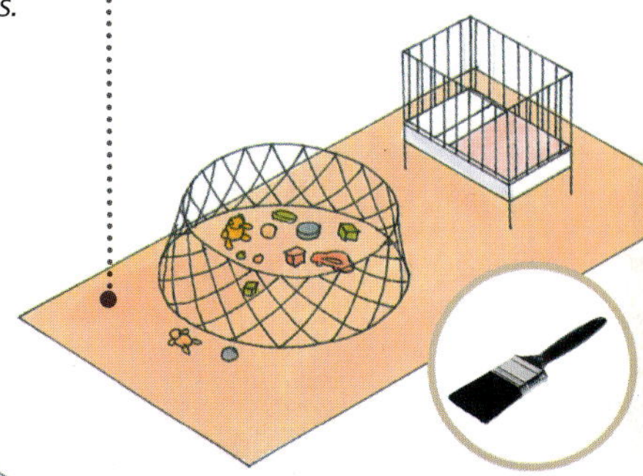

CENT FOIS SUR LE MÉTIER...

UNE FOIS CETTE STRUCTURE MISE EN PLACE, N'HÉSITEZ PAS À LA PARCOURIR SOUVENT, DANS UN SENS OU DANS L'AUTRE. ELLE VOUS PERMETTRA DE RETENIR L'HEURE ET LE LIEU DU JEU, AINSI QUE LES THÈMES SUR LESQUELS VOUS SEREZ INTERROGÉ ; ELLE RENFORCERA VOTRE MOTIVATION ET VOUS RAPPELLERA QUE VOUS DEVEZ RESTER CALME ET DÉTENDU. VOUS POURREZ ÉGALEMENT Y RETOURNER PENDANT LE JEU, EN PARTICULIER DANS LES DEUX DERNIÈRES ZONES, AFIN DE DEMEURER MAÎTRE DE VOUS DANS UNE SITUATION OÙ LES RAISONS D'ÊTRE STRESSÉ NE VOUS MANQUERONT CERTAINEMENT PAS.

La mémoire et le sport

QUEL QUE SOIT LE SPORT QUE VOUS PRATIQUEZ, APPRENEZ À DEVENIR UN GAGNANT.

Tous les grands athlètes savent que la réussite est une affaire psychologique aussi bien que physique. Ils entraînent leur esprit pour prendre l'avantage sur leurs concurrents. Quel que soit leur niveau, tous les sportifs peuvent tirer profit de leur puissance mentale.

Les procédés de mémorisation peuvent vous aider à apprendre ou à améliorer une technique. Ils permettent d'en retenir les différentes phases de façon à les appliquer sans avoir besoin de réfléchir. Très rapidement, les bons gestes deviennent naturels, quasi instinctifs.

DE LA PRATIQUE À LA VICTOIRE

Lorsque vous pratiquez un sport, utilisez votre imagination pour n'effectuer que des gestes corrects et efficaces. Certaines équipes s'entraînent en écoutant l'enregistrement des supporters de l'équipe concurrente, afin de s'habituer aux conditions des matchs. Que ce soit au golf ou au tennis, être psychologiquement prêt à rencontrer l'adversaire est toujours un premier pas, souvent d'une importance capitale, vers la victoire.

Une leçon de golf

Un golfeur débutant pourrait, par exemple, avoir à mémoriser la liste suivante :

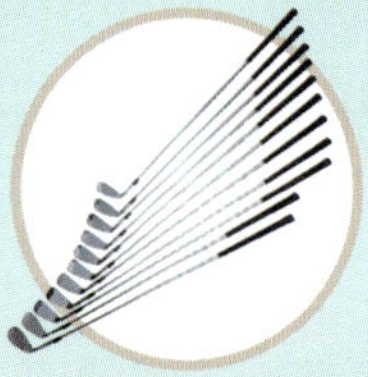
1 Choix du club

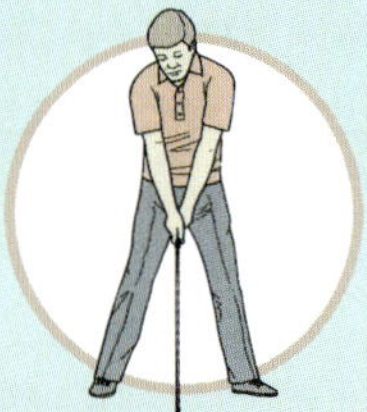
2 Place des mains

3 Position des pieds

4 Tir du tee

5 Chronométrage

6 Backswing

7 Downswing

8 Fin du swing

Les différents points de cette liste peuvent être mémorisés sous forme d'images clés, que l'on place dans la structure mentale de son choix. On pourrait voir un gigantesque club dans la première zone, deux énormes mains serrées autour d'un outil dans la deuxième, des empreintes sur le sol de la troisième, un maillot portant le dessin d'une balle de golf dans la quatrième... et ainsi de suite. En se déplaçant dans la structure, le golfeur se souviendra de la méthode qu'il doit observer. Ce système de mémorisation accélère le processus d'apprentissage, tout en donnant l'assurance que les habitudes prises sont les bonnes.

Visualiser le succès

Il est aussi très important que vous imaginiez votre réussite. Un entraîneur reprocha un jour au grand coureur olympique Jim Thorpe de négliger son entraînement. Celui-ci se prélassait en effet dans un fauteuil tandis que ses coéquipiers suaient sang et eau sur la piste.

« Pourquoi ne t'entraînes-tu pas ? », demanda l'entraîneur.
« C'est précisément ce que je suis en train de faire », répliqua Thorpe.

Il était occupé à gagner dans sa tête, vérifiant les détails de sa technique, imaginant une course parfaite et l'inscrivant dans sa mémoire pour s'en souvenir le moment venu. Les images qu'il visualisait concernaient non seulement les aspects importants de sa stratégie, mais également ses motivations profondes. Elles pouvaient lui donner un avantage décisif sur ses concurrents.

« *Vous devez vous sentir chez vous partout où vous jouez.* »

Lee Trevino
Golfeur

CONNAISSEZ VOTRE PARCOURS
Les parcours de golf sont très différents les uns des autres. Si vous visualisez leurs difficultés avant de commencer à jouer, vous améliorerez nettement vos résultats.

SE SENTIR CHEZ SOI

Votre imagination vous confère une grande capacité d'adaptation. Après avoir remporté le tournoi de Wimbledon en 1977, la joueuse de tennis britannique Virginia Wade expliqua comment elle avait visité le court central en esprit, le matin même de la finale. De son côté, le golfeur Lee Trevino a déclaré : « Vous devez vous sentir chez vous partout où vous jouez », signifiant par là que l'on doit être à l'aise, quelles que soient les conditions. Votre imagination vous permet de visualiser n'importe quel lieu – terrain de football, parcours de golf ou piste d'athlétisme –, et donc de vous familiariser avec.

Il est très important de développer des habitudes positives. Souvent, il suffit de ne pas vouloir penser à quelque chose pour que cette idée vienne à l'esprit ! De nombreux athlètes considèrent que les pensées incontrôlées constituent leur problème le plus grave. Au moment d'effectuer un geste décisif, ils songent malgré eux qu'ils vont échouer. L'entraînement mental évite de tomber dans ce piège. Si vous ne visualisez que des images de succès et de réussite, les pensées positives finiront par vous venir à l'esprit plus spontanément que les réactions négatives.

S'ENTRAÎNER MENTALEMENT

Les exercices mentaux aident à créer une zone de relaxation et de concentration, très utile pour se préparer à une compétition. L'ayant pratiqué d'avance, il vous sera très facile de retrouver cet état au moment de jouer. Le joueur de golf Arnold Palmer le décrit ainsi : « Vous êtes impliqué dans l'action, vaguement conscient de son déroulement, mais votre attention est moins centrée sur l'agitation qui vous entoure que sur les occasions à saisir. Je comparerais cela à une sorte de rêverie... l'état d'isolement d'un grand musicien pendant un concert... pas seulement mécanique ni spirituel, quelque chose entre les deux, sur un plan différent et plus éloigné. »

Un autre golfeur, Jack Nicklaus, explique qu'il s'imagine souvent en train de se regarder jouer sur un écran mental, en faisant des zooms pour améliorer sa technique jusqu'à la perfection. Il affirme que dans son jeu il y a 10 % d'action, 40 % d'automatisme – sa version de la liste décrite page 126 – et 50 % d'entraînement mental.

Les sportifs se rappellent très bien les émotions ressenties lors d'une défaite ou d'une victoire. La sprinteuse britannique Linford Christie a déclaré que les souvenirs cuisants de ses échecs lui servent à accroître son désir de vaincre. On peut apprendre beaucoup d'une défaite, non pas en craignant qu'elle ne se reproduise, mais en créant des images clés des erreurs à ne pas répéter. Après un échec, visualisez exactement les gestes que vous avez accomplis, puis modifiez mentalement ceux qui sont incorrects jusqu'à ce que le « film » de votre performance soit parfait. Ainsi, vous inscrivez dans votre mémoire toutes les recettes du succès, et vous gagnerez de l'assurance en acquérant la certitude de pouvoir contrôler vos pensées pendant la compétition.

UNE COURSE, MILLE RÉPÉTITIONS

Les athlètes de haut niveau répètent mentalement des gestes parfaits. Le jour de la compétition, ils savent comment donner le meilleur d'eux-mêmes.

« J'imagine que je me regarde jouer sur un écran mental, et je zoome pour observer tous les détails de ma technique. »

Jack Nicklaus

Golfeur

Les jeux de cartes

L'APTITUDE À RETENIR TOUS LES COUPS JOUÉS LORS D'UNE PARTIE DE CARTES EST L'UNE DES MANIFESTATIONS LES PLUS IMPRESSIONNANTES DES POSSIBILITÉS DE LA MÉMOIRE, QUI DOIT POUVOIR S'APPLIQUER SANS PEINE À D'AUTRES ACTIVITÉS.

Une bonne mémoire aide à gagner, même si on ne doit se souvenir que d'un petit nombre de cartes à la fois. De plus, faire usage de sa mémoire pour jouer aux cartes accroît les facultés d'observation, apprend à penser plus vite et contribue à rendre plus sûr de soi.

Il est nécessaire de consacrer un peu de temps à apprendre un système de mémorisation particulier. Vous devez choisir des images clés représentant chacune des cinquante-deux cartes, puis les utiliser pour former des scènes ou des histoires, placées dans une structure mentale.

Si vous redoutez cette tâche, souvenez-vous qu'un jeu de cartes complet ne se compose en réalité que de treize sortes de figures qui se répètent quatre fois de la même manière, dans quatre séries ou « couleurs », signalées chacune par une image particulière. Il vous suffit donc, pour pouvoir doter chaque carte d'une image clé, d'apprendre la signification des quatre couleurs (page ci-contre, en haut), puis d'utiliser le système de mémorisation des nombres que nous vous avons présenté pages 76 et 91 (page ci-contre).

LA MÉMOIRE DES CARTES
Apprendre à se souvenir de toutes les cartes d'un jeu permet de penser plus vite, développe les facultés d'observation et de concentration, et augmente la confiance en soi.

- Les cœurs sont associés à l'amour, à l'affection, à la générosité et au corps humain.

- Les carreaux sont liés aux richesses, aux pierres précieuses et aux arts de la joaillerie.

- Les trèfles évoquent la malveillance, le vol et le crime, les armes et la violence.

- Les piques sont liés au bêchage de la terre, aux métiers et aux outils en général.

Voici un rappel des images clés à utiliser :

- L'as est assimilable au un : associez-le à l'écriture et à la peinture (stylos, pinceaux, etc.).
- Le deux est lié à l'idée de voler, de décoller, d'atterrir...
- Le trois évoque l'autorité, la loi, la police.
- Le quatre est lié à l'idée de navigation.
- Le cinq est associé aux crochets, au fait de soulever.
- Le six est lié aux armes et à l'armement.
- Le sept est associé à la lumière.
- Le huit évoque l'hiver, la glace et la neige.
- Le neuf est lié aux sucreries et à la nourriture.
- Le dix est associé aux mains et à l'artisanat.
- Le valet, correspondant au onze, est lié aux trains.
- La dame, figurant le douze, est associée aux montres, aux horloges et à la mesure du temps.
- Le roi est représenté par l'image de la couleur : un cœur, un carreau, un trèfle ou une pique.

Les deux pages suivantes proposent des images clés pour chacune des cinquante-deux cartes. Visualisez-les de façon très détaillée. Une fois les associations solidement établies dans votre esprit, fermez le livre et essayez de vous souvenir, dans l'ordre, de toutes les cartes du jeu et des images qui les représentent.

Des images simples

À gauche et ci-dessous : En utilisant des images clés très simples pour mémoriser les cartes – comme un avion pour un deux ou une horloge pour une dame –, vous pourrez vous souvenir de toutes celles qui passent sous vos yeux... et deviendrez un redoutable joueur de belote, de bridge ou de canasta.

La mémorisation des cartes

As de cœur :
un poète
(le cœur suggère l'amour, le un l'écriture).

Deux de cœur :
une hôtesse de l'air
(le cœur évoque l'attention, le deux l'aviation).

Trois de cœur :
un infirmier
(le trois, lié à la police, peut être étendu à d'autres services d'aide).

Quatre de cœur :
un bateau de croisière très romantique.

Cinq de cœur :
une jeune mariée
(le crochet lié au cinq évoque les liens du mariage).

Six de cœur :
Cupidon (Éros)
(le six est lié aux armes – ici, l'arc et la flèche d'Éros).

Sept de cœur :
une chandelle
(lumière romantique)

Huit de cœur :
un amoureux transi.

Neuf de cœur :
un dîner aux chandelles.

Dix de cœur :
une alliance
(le dix est lié aux doigts, le cœur évoque le mariage).

Valet de cœur :
un amoureux fou des trains.

Dame de cœur :
un pacemaker
(qui régule le cœur comme une horloge).

Roi de cœur :
un papier à lettres orné d'un cœur.

As de pique :
un peintre-décorateur.

Deux de pique :
un pilote de ligne.

Trois de pique :
un officier de police.

Quatre de pique :
un marin.

Cinq de pique :
un éboueur.

Six de pique :
un soldat
(ses armes sont ses outils).

Sept de pique :
un pique-feu.

Huit de pique :
un pic à glace.

Neuf de pique :
une fourchette
(on la pique dans la nourriture).

Dix de pique :
un hallebardier.

Valet de pique :
une poinçonneuse à billets
(l'outil du contrôleur dans les trains).

Dame de pique :
une horlogerie.

Roi de pique :
une pique de toréador.

As de trèfle :
un auteur de romans policiers.

Deux de trèfle :
un monte-en-l'air
(il monte sur les toits comme s'il avait des ailes).

Trois de trèfle :
une matraque de policier.

Quatre de trèfle :
un pirate.

Cinq de trèfle :
un voleur à la tire.

Six de trèfle :
un hold-up dans une banque.

Sept de trèfle :
un gyrophare de police.

Huit de trèfle :
une bataille de boules de neige.

Neuf de trèfle :
une cantine de prisonniers.

Dix de trèfle :
deux mains menottées.

Valet de trèfle :
une attaque de train.

Dame de trèfle :
un réveille-matin
(visualisez le mécanisme de la sonnerie).

Roi de trèfle :
un trèfle à quatre feuilles.

As de carreau :
un diamant pour couper le verre.

Deux de carreau :
un superbe avion en or.

Trois de carreau :
un bracelet en diamants.

Quatre de carreau :
un yacht de luxe.

Cinq de carreau :
une pioche de mineur
pour extraire les diamants.

Six de carreau :
un pistolet à crosse d'ivoire.

Sept de carreau :
une lampe de joaillier.

Huit de carreau :
des glaçons étincelant
comme des diamants.

Neuf de carreau :
du caviar, l'un des mets
les plus chers.

Dix de carreau :
une main couverte de bagues.

Valet de carreau :
une voiture de l'Orient-Express,
un train de grand luxe.

Dame de carreau :
un bracelet-montre en or.

Roi de carreau :
un vitrail carré.

Quand vous êtes familiarisé avec les cinquante-deux images, vous pouvez essayer de mémoriser des groupes de cartes. Il vous suffit de relier leurs images clés pour former une scène ou constituer une courte histoire.

Par exemple, pour retenir les cartes ci-contre, vous pouvez visualiser un soldat (carte 1), portant un bracelet-montre en or (carte 2), qui donne des glaçons (carte 3) à un pirate (carte 4) en échange d'une boîte de caviar (carte 5).

Utilisez votre imagination pour trouver de nouvelles images. Ainsi, le neuf de carreau peut être représenté par n'importe quel mets ou boisson onéreux.

Pour mémoriser la levée ci-dessous, vous pouvez imaginer qu'une hôtesse de l'air (carte 1), armée d'un pique-feu (carte 2) à l'extrémité duquel elle a fiché une feuille de papier à lettres orné d'un cœur (carte 3), est prise dans le faisceau lumineux du gyrophare (carte 4) d'un yacht de luxe (carte 5).

Entraînez-vous avec des groupes de trois cartes puis, lorsque vos réponses sont « instinctives », essayez de mémoriser un jeu entier. Mélangez les cartes et faites neuf paquets de cinq. À l'aide de vos images clés, imaginez pour chaque groupe une scène, placée dans l'une des zones de votre structure mentale. Dans la dixième zone, créez une histoire plus étoffée représentant les sept cartes restantes.

La pensée imaginative

QUAND VOUS OUVREZ VOTRE ESPRIT AUX IMAGES IMPLIQUÉES DANS LES TECHNIQUES DE MÉMORISATION, VOTRE PENSÉE ACQUIERT UNE NOUVELLE DIMENSION. QUELS QUE SOIENT LES PROBLÈMES RENCONTRÉS, VOUS POUVEZ LES ABORDER AVEC VOTRE IMAGINATION, LES CONSIDÉRER SOUS DES ANGLES DIFFÉRENTS ET CONCEVOIR DES SOLUTIONS AVEC PLUS D'ASSURANCE.

Idées en conserve ou idées fraîches

Lorsque vous avez un problème à résoudre, efforcez-vous d'ignorer les suppositions qui risquent de fausser votre raisonnement. Les préjugés sont des « idées en conserve » qui apportent rarement quelque chose de nouveau, parce qu'ils sont fondés sur l'habitude. Comme les poissons, les meilleures idées sont toujours les plus fraîches.

Testez-vous avec ce problème

Voici un exemple bien connu de question dont la solution exige un mode de pensée latérale :

Un homme travaille au dernier étage d'un immeuble de bureaux de vingt étages. Chaque soir, il prend l'ascenseur, descend jusqu'au rez-de-chaussée, puis rentre chez lui. Le matin, il revient dans l'immeuble et pénètre dans l'ascenseur. Certains jours, il monte en ascenseur jusqu'au dernier étage mais, la plupart du temps, il s'arrête au dix-neuvième et prend l'escalier pour atteindre le vingtième. Pourquoi ?

Pour résoudre ce problème, faites appel à votre imagination. L'astuce consiste à s'abstenir d'émettre des suppositions. Les images mentales sont très utiles parce que vous pouvez ne visualiser que ce dont vous êtes certain, sans aboutir trop vite à des conclusions erronées. Vous ajoutez progressivement d'autres détails, en testant tous les scénarios possibles, jusqu'à trouver la meilleure solution.

Commencez par le commencement

Commencez par visualiser les détails donnés dans l'énoncé. Imaginez le bâtiment de vingt étages, voyez l'homme qui pénètre dans l'ascenseur

Variez vos angles d'approche

Page de droite : En visualisant un problème sous tous les angles, comme l'ascenseur du bâtiment, vous le voyez de manière originale et le résolvez grâce à la pensée latérale.

chaque soir, puis de nouveau chaque matin. Ignorant totalement ce qui se passe dans la cabine, votre « scénario mental » doit s'arrêter à l'instant où l'homme entre dans l'ascenseur au rez-de-chaussée, et ne reprendre que lorsqu'il en ressort.

En visualisant de cette manière, vous mettez immédiatement le doigt sur le « trou » de l'histoire, celui que vous devez combler en réfléchissant, et qui contient la solution.

Qu'est-ce qui peut changer d'une fois sur l'autre dans un ascenseur ? La réponse la plus évidente est qu'il s'y trouve ou non d'autres personnes. Visualisez de façon détaillée la scène où l'homme appuie sur le panneau de commandes : le bouton du rez-de-chaussée est probablement situé en bas, celui du vingtième étage en haut. Pourquoi l'homme monte-t-il parfois jusqu'au vingtième étage, et s'arrête-t-il d'autres fois au dix-neuvième ?

Voyez-le tendre la main vers le panneau... et s'il ne pouvait accéder au bouton du vingtième étage ? Ce scénario s'accorde-t-il avec l'énoncé ? Déroulez-le en esprit : l'homme est trop petit pour appuyer sur le bouton le plus haut ; lorsqu'il est seul, il appuie sur celui du dix-neuvième étage ; quand il est accompagné, il sollicite l'aide de quelqu'un et peut donc monter jusqu'au dernier étage. Cette solution vous satisfait-elle ?

LA PENSÉE CRÉATRICE

L'APTITUDE À DÉCOUVRIR, À INVENTER, À EXPLIQUER EST ÉTROITEMENT LIÉE À L'IMAGINATION. AU CŒUR DES TECHNIQUES DE MÉMORISATION PRÉSENTÉES DANS CE LIVRE, C'EST AUSSI SUR ELLE QUE LA PLUPART DES GRANDS PENSEURS DE L'HISTOIRE HUMAINE SE SONT APPUYÉS POUR RÉSOUDRE LES PROBLÈMES AUXQUELS ILS ÉTAIENT CONFRONTÉS.

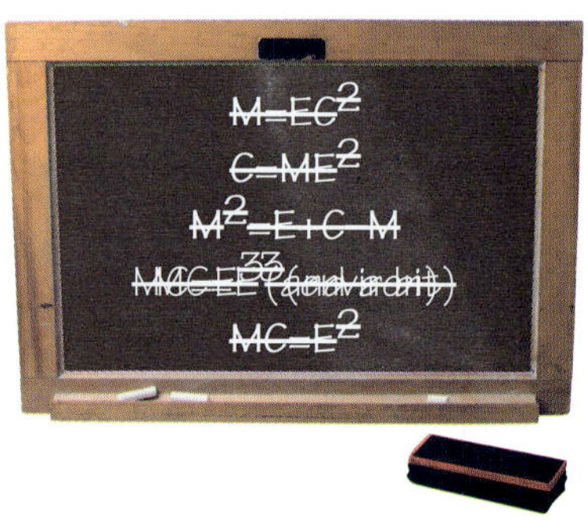

UNE PENSÉE GÉNIALE
Bien qu'il ait été l'un des plus grands esprits scientifiques du XXe siècle, Einstein estimait que, pour un chercheur, l'imagination était plus importante que le savoir.

$E = MC^2$

Albert Einstein, l'un des plus grands savants du XXe siècle, écrivit : « Mon talent ne réside pas dans les calculs mathématiques, mais plutôt dans la visualisation des effets, des possibilités et des conséquences. » Pendant qu'il élaborait la théorie de la relativité, il se voyait à cheval sur un rayon de lumière, un chronomètre à la main. L'image d'un ascenseur tombant en chute libre l'aida à percevoir toutes les implications de sa découverte. Il alla jusqu'à affirmer que, dans son travail, l'imagination était plus importante que les connaissances.

L'INSPIRATION DANS LES FLAMMES

Au XIXe siècle, le chimiste allemand August Kekulé von Stradonitz s'efforçait de découvrir la formule du benzène. Toutes les nuits, il s'asseyait devant sa cheminée et laissait son esprit vagabonder en observant les flammes. Il était dans cet état de rêverie, plongé dans son imagination, quand il trouva enfin la solution :

« Je tournai mon siège vers le feu et me mis à somnoler. De nouveau, les atomes cabriolèrent devant mes yeux. Cette fois, les groupes les plus petits se tenaient modestement à l'arrière-plan. Mon œil mental, rendu plus perçant par des visions répétées de ce genre, distinguait maintenant des structures plus importantes, diversement constituées ; de longs alignements parfois plus étroitement assemblés, tournant et se tordant comme des serpents. Mais voyez ! Qu'est-ce que cela ? Un des serpents avait saisi sa queue dans sa bouche et tournoyait malicieusement. Comme frappé par un éclair, je me réveillai... »

Plus vous manipulez d'images mentales, plus il devient facile de vous mettre dans cet état de rêverie créatrice. Les informations traitées de cette façon étant également visuelles – donc aisément mémorisables –, vous n'oublierez aucune des découvertes que vous ferez. Prenez l'habitude de transformer toutes les données en images, percevez-les avec tous vos sens, recombinez-les sans cesse, et vous prendrez conscience du nombre étonnant de nouvelles possibilités que votre esprit est capable de créer.

Des environnements de réflexion

Il est également très efficace d'utiliser différents environnements de réflexion, chacun déterminant un état d'esprit et un mode de pensée particuliers. Tout comme Kekulé puisait son inspiration dans la danse des flammes, vous devez trouver des espaces de travail qui permettront à votre imagination de se déployer.

Le Japonais Yoshiro Nakamats, l'un des plus prolifiques inventeurs modernes, mène les différentes étapes de son travail dans des lieux bien définis. Dans une pièce blanche, il laisse son esprit vagabonder et étudie de nouvelles idées. Puis, dans ce qu'il appelle son « bassin de création », il procède à une interprétation des concepts retenus. Il a inventé le disque compact, la montre à affichage digital et la disquette ; les quelque deux mille trois cents brevets déposés ont fait de lui un milliardaire.

Avec ou sans musique ?
Procédez à des essais pour trouver votre propre environnement de réflexion. Votre esprit travaille-t-il plus efficacement à l'intérieur ou dehors, quand vous êtes seul ou entouré, dans le silence ou en musique ?

La visualisation absolue

L'ingénieur électricien yougoslave Nikola Tesla avait développé sa capacité de visualisation au point de pouvoir imaginer dans les moindres détails n'importe quelle machine. Comme la version mentale d'un projet assisté par ordinateur, il la voyait sous tous les angles et simulait son fonctionnement. Ses mécaniciens racontaient que les dimensions qu'il leur indiquait avaient été calculées dans son esprit – et qu'elles étaient toujours exactes au millimètre près. On lui doit l'invention de la technique des courants polyphasés et des moteurs à champ tournant, sans laquelle l'ère de l'électricité n'aurait jamais existé.

Logique et imagination

Max Planck, le père de la théorie des quanta, écrivit que tout chercheur sérieux devait avoir « une inclination très vive pour les idées nouvelles, non pas celles que l'on découvre par déduction, mais celles que l'on crée artistiquement par l'imagination ». Autrement dit, les problèmes logiques peuvent être résolus par l'emploi illogique, distrayant, coloré et sans limites de l'imagination.

L'IMAGINATION ET LE TRAVAIL

CORRECTEMENT ET RÉGULIÈREMENT ENTRAÎNÉE, VOTRE IMAGINATION PEUT VOUS SERVIR À AMÉLIORER VOS RÉSULTATS PROFESSIONNELS.

Il est fort probable que la même image vous vient à l'esprit chaque fois que vous pensez à votre travail. C'est la structure mentale par laquelle vous vous représentez le travail, qui peut servir à améliorer vos résultats. Vous pouvez contrôler vos images mentales et en modifier les détails afin qu'elles vous inspirent uniquement des sentiments positifs.

CHASSER LE STRESS

Si vous vous sentez stressé sur votre lieu de travail, faites en sorte que votre visualisation soit très apaisante. Mentalement, repeignez les murs de couleurs plus douces, transformez les sons et les odeurs ; passez du temps, avant et après vos heures de travail, à renforcer cette perception positive. Au lieu de vous voir systématiquement dans une situation difficile, rendez l'idée de travail plus attrayante.

Servez-vous également de votre imagination pour réviser des tâches spécifiques et améliorer vos méthodes habituelles.

L'ORDINATEUR DANS LA TÊTE

Si vous employez un ordinateur, visualisez-le en train d'intégrer, d'imprimer ou de traiter des informations. En vous familiarisant avec cette version mentale de l'appareil, vous apprendrez à vous en servir plus efficacement. Vous pourrez aussi accomplir un grand nombre de tâches sans l'avoir en face de vous. Par exemple, si vous vérifiez régulièrement les entrées et les sorties du compte d'un client et que vous avez besoin de vous en souvenir à un moment où vous ne pouvez pas consulter votre ordinateur, fermez les yeux, imaginez quelles opérations vous accompliriez pour retrouver ces renseignements et, si votre mémoire est bien entraînée, l'écran qui apparaîtra dans votre esprit vous les fournira aussitôt.

Sans être aussi précis qu'un ordinateur, un programme imaginaire vous aidera à effectuer quelques opérations de base. Si vous ne parvenez pas à résoudre un problème, par exemple, vous pouvez faire appel à l'ordinateur qui est dans votre tête et activer mentalement son logiciel.

LE BOULIER

Ci-dessus : Cet ancien instrument de calcul formé de tiges sur lesquelles coulissent des boules est encore en usage dans quelques pays. Certaines personnes effectuent des opérations stupéfiantes uniquement en visualisant un boulier pour calculer les résultats.

TEST DE PROGRESSION N° 6

VISUALISEZ VOTRE STRUCTURE MENTALE PRÉFÉRÉE ET PLACEZ-Y LES INFORMATIONS DONT VOUS VOULEZ VOUS SOUVENIR, SOUS FORME DE SCÈNES OU D'IMAGES CLÉS. PARCOUREZ-LA DE BOUT EN BOUT À PLUSIEURS REPRISES, Y COMPRIS EN SENS INVERSE, AVANT DE PROCÉDER À L'EXTRACTION DES INFORMATIONS QU'ELLE CONTIENT.

VACANCES AU CAMPING

VOICI QUELQUES INFORMATIONS QUE VOUS AVEZ BESOIN DE RETENIR AVANT DE PARTIR CAMPER. FIXEZ-LES DANS VOTRE MÉMOIRE PUIS RÉPONDEZ AUX QUESTIONS DE LA PAGE 140.

DATE DES VACANCES :
du 26 juin au 5 juillet

Rendez-vous chez Alex à 10 heures

MATÉRIEL À ACHETER :
bouteilles de gaz, allumettes, boussole, lampe-torche, chaussures de marche

À METTRE SANS FAUTE DANS LES BAGAGES :
couverts, bouteilles d'eau, cartes, produit anti-insectes

NUMÉRO DE TÉLÉPHONE DU CAMPING :
03 36 21 70 15

LA FABRICATION DES BIJOUX

VOUS DEVEZ FAIRE UN EXPOSÉ EN DIX PARTIES (CI-DESSOUS) SUR LA FABRICATION DES BIJOUX. INSÉREZ CES PARTIES DANS UNE STRUCTURE MENTALE POUR LES RETENIR.

1 Outils — 2 Matériaux — 3 Accessoires tout faits — 4 Anneaux — 5 Bagues

6 Utilisation des perles — 7 Pendentifs — 8 Sertissage des pierres — 9 Bracelets — 10 Fils torsadés

UN TRAVAIL AGRÉABLE

PENSEZ QUELQUES MINUTES À UNE TÂCHE RÉGULIÈRE, PUIS MODIFIEZ-EN DIX POINTS POUR LA RENDRE PLUS ATTRAYANTE. VISUALISEZ-LA DE NOUVEAU PENDANT UNE MINUTE, EN PENSANT AUX RAISONS DE VOS CHANGEMENTS. AJOUTEZ TROIS DÉTAILS INHABITUELS À L'IMAGE AFIN DE MIEUX LA GRAVER DANS VOTRE MÉMOIRE.

LA MÉMOIRE DES CARTES

VOUS AVEZ CINQ MINUTES POUR MÉMORISER LA SÉRIE DE CARTES CI-CONTRE. REMPLACEZ CHACUNE D'ELLES PAR SON IMAGE CLÉ, PUIS INVENTEZ UN SCÉNARIO LES RELIANT LES UNES AUX AUTRES, DANS L'ORDRE OÙ ELLES SE PRÉSENTENT.

QUELS SONT VOS RÉSULTATS

POUVEZ-VOUS RÉPONDRE AUX QUESTIONS CI-DESSOUS ? ÉCRIVEZ VOS RÉPONSES, PUIS REVENEZ À LA PAGE PRÉCÉDENTE POUR VÉRIFIER L'EXACTITUDE DE VOS RÉSULTATS.

VACANCES AU CAMPING

ESSAYEZ DE RÉPONDRE À CES CINQ QUESTIONS.

1 Quelles sont les cinq choses que vous devez acheter avant de partir ?

2 Quelle est la date prévue pour le retour ?

3 À quelle heure devez-vous retrouver Alex le 26 juin ?

4 Quel est le numéro de téléphone du camping ?

5 Qu'oubliez-vous si vous mettez dans vos bagages les affaires suivantes ?

Couvertures, lampe-torche, cartes, livres, tente, produit anti-insectes, couverts, objets de toilette.

LA FABRICATION DES BIJOUX

VOUS SOUVENEZ-VOUS, DANS L'ORDRE, DES DIX POINTS DE VOTRE EXPOSÉ ?

LA MÉMOIRE DES CARTES

RECONSTITUEZ DANS L'ORDRE, ORALEMENT OU EN L'ÉCRIVANT CI-CONTRE, LA SUITE DES DIX CARTES DE LA PAGE PRÉCÉDENTE. FAITES DÉFILER LENTEMENT DANS VOTRE ESPRIT LE SCÉNARIO QUE VOUS AVEZ CRÉÉ, RETIREZ-EN LES IMAGES CLÉS ET RETROUVEZ LES CARTES CORRESPONDANTES.

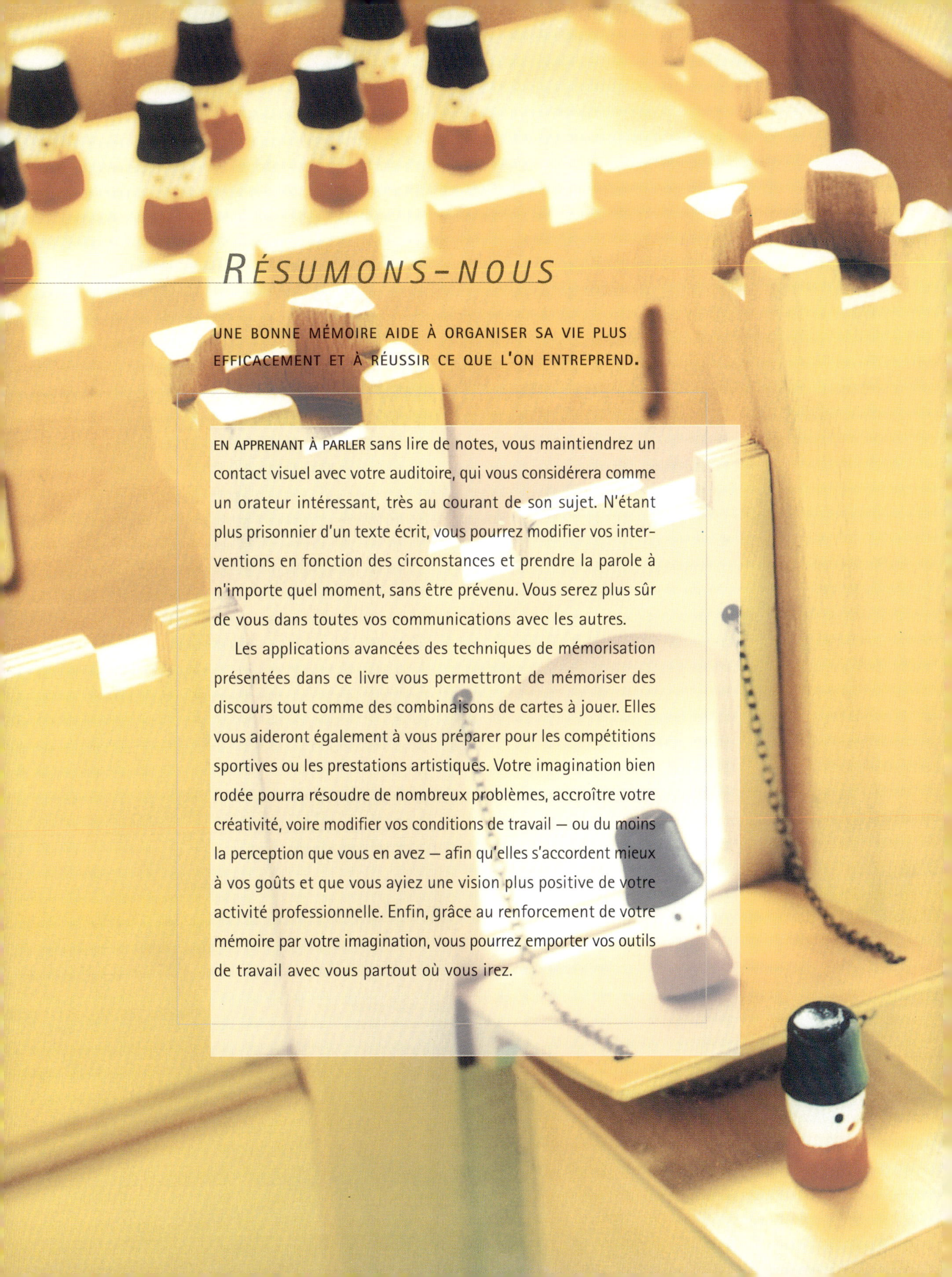

RÉSUMONS-NOUS

UNE BONNE MÉMOIRE AIDE À ORGANISER SA VIE PLUS EFFICACEMENT ET À RÉUSSIR CE QUE L'ON ENTREPREND.

EN APPRENANT À PARLER sans lire de notes, vous maintiendrez un contact visuel avec votre auditoire, qui vous considérera comme un orateur intéressant, très au courant de son sujet. N'étant plus prisonnier d'un texte écrit, vous pourrez modifier vos interventions en fonction des circonstances et prendre la parole à n'importe quel moment, sans être prévenu. Vous serez plus sûr de vous dans toutes vos communications avec les autres.

Les applications avancées des techniques de mémorisation présentées dans ce livre vous permettront de mémoriser des discours tout comme des combinaisons de cartes à jouer. Elles vous aideront également à vous préparer pour les compétitions sportives ou les prestations artistiques. Votre imagination bien rodée pourra résoudre de nombreux problèmes, accroître votre créativité, voire modifier vos conditions de travail — ou du moins la perception que vous en avez — afin qu'elles s'accordent mieux à vos goûts et que vous ayiez une vision plus positive de votre activité professionnelle. Enfin, grâce au renforcement de votre mémoire par votre imagination, vous pourrez emporter vos outils de travail avec vous partout où vous irez.

L'ENTRAÎNEMENT QUOTIDIEN DE LA MÉMOIRE

UN ESPRIT ENTRAÎNÉ RESTE LUCIDE ET ACTIF TOUTE VOTRE VIE. LE FONCTIONNEMENT DE LA MÉMOIRE CONNAÎT DES CHANGEMENTS AVEC L'ÂGE, MAIS VOUS POUVEZ APPRENDRE À VOUS Y ADAPTER. MIEUX ENCORE, VOUS DÉCOUVREZ ET SAVOUREZ LES JOIES DE LA REMÉMORATION. LES SOUVENIRS DU PASSÉ VOUS SERVENT D'EXPÉRIENCE, VOUS TIENNENT COMPAGNIE ET ENRICHISSENT VOTRE PRÉSENT.

Mémoire et vieillissement

L'UN DES ASPECTS LES PLUS FASCINANTS DES RECHERCHES ACTUELLES SUR LA MÉMOIRE CONCERNE LES MODIFICATIONS QU'ELLE SUBIT AVEC LE TEMPS.

Lorsqu'une personne de quatre-vingt-neuf ans se remémore sa quatre-vingt-huitième année, son expérience est très différente de celle d'un enfant de neuf ans se souvenant de l'année précédente. De même, un septuagénaire et un adolescent n'ont pas une aptitude égale à intégrer de nouvelles données. La mémoire change indéniablement avec le temps, mais les modifications qu'elle subit sont loin d'être aussi négatives qu'on le pense souvent.

Enfants, nous avons peu de responsabilités et peu de choses à retenir. Nous nous rappelons le passé, bien sûr, sans bien distinguer ce qui est important de ce qui ne l'est pas. Nous apprcnons vitc, mais nous oublions tout aussi rapidement. Notre mémoire prospective — en particulier notre capacité à anticiper les événements plaisants — est en revanche bien développée.

Une fois adultes, nous devons acquérir et mémoriser un grand nombre de données, en assumant les conséquences de nos oublis. Plus nous vieillissons, plus nous apprenons lentement, tout en étant moins enclins à oublier. Nous faisons par ailleurs nettement la différence entre les souvenirs importants et les anecdotes, alors que notre mémoire prospective s'affaiblit progressivement avec l'âge.

Souvenirs en vrac
Vos souvenirs vous paraissent quelquefois si disparates que votre mémoire vous fait penser à un sac à provisions rempli au hasard. Cette perception peut être corrigée sitôt que vous commencez à pratiquer quotidiennement des exercices de mémorisation.

SOUVENIRS D'ENFANTS
Les enfants ont des difficultés à établir des priorités dans leurs souvenirs. Ils se rappellent par exemple les jeux préférés de leurs camarades, mais oublient le nom de ces derniers.

LES MODIFICATIONS DE LA MÉMOIRE

Durant toute notre vie, notre mémoire subit l'influence de facteurs physiques. Chez les femmes, les changements hormonaux peuvent affecter d'une manière importante les processus de remémoration.

LES CYCLES DE LA MÉMOIRE
Aux différentes étapes du développement correspondent des états mnésiques différents. Votre mémoire change plus qu'elle ne s'affaiblit. Par ailleurs, certains médicaments provoquent à court terme des défaillances de la mémoire, aussi avez-vous intérêt à demander à votre médecin s'il ne peut pas les remplacer par d'autres, qui affecteraient moins vos capacités.

Les aires du cerveau où se déroulent les phénomènes mnésiques ont besoin d'un apport constant d'hormones fémines — les œstrogènes. De nombreuses femmes se plaignent de troubles de la mémoire juste avant leur flux menstruel, quand leur niveau d'œstrogènes est au plus bas, ainsi qu'après la ménopause. Bien que les affections liées au vieillissement, comme la maladie d'Alzheimer, aient des effets dramatiques sur la mémoire, le déclin de cette dernière n'est pas une conséquence inévitable de l'âge. Entre cinquante et soixante-dix ans, nombre de personnes connaissent des difficultés à intégrer de nouvelles informations, tandis que leurs souvenirs lointains demeurent vifs. En gardant leur cerveau actif grâce aux techniques présentées dans cet ouvrage, et en se servant de leur sagesse et de leur expérience pour pallier d'éventuelles faiblesses, les personnes âgées peuvent demeurer confiantes en l'efficacité de leur mémoire.

GARDEZ VOTRE ESPRIT EN ÉVEIL

« L'ESPRIT NE S'USE QUE SI L'ON NE S'EN SERT PAS. » CETTE FORMULE N'EST PAS UNE PLAISANTERIE : PLUS VOUS SOLLICITEZ VOTRE ESPRIT, MIEUX IL CONSERVE SES APTITUDES. IL EST PROUVÉ QUE MÊME LES PATIENTS ATTEINTS DE LA MALADIE D'ALZHEIMER SE SOUVIENNENT D'ÉVÉNEMENTS INHABITUELS. LA MÉMOIRE DOIT ÊTRE STIMULÉE POUR CONTINUER DE FONCTIONNER.

RADIO-MÉMOIRE
Ci-dessus : L'écoute régulière d'une station de radio constitue un excellent aide-mémoire grâce auquel vous pouvez être tenu au courant des dernières nouvelles.

SOYEZ ATTENTIF

Comme le soulignait l'écrivain britannique du XVIIIe siècle Samuel Johnson, « le véritable art de la mémoire est l'art de l'attention ». Il n'est pas possible d'apprendre ni de mémoriser une information sans se concentrer dessus. Assurez-vous que vous n'avez aucun problème de vue ou d'audition qui risque de gêner votre perception. Un grand nombre de gens pensent que leur mémoire faiblit, alors qu'en réalité ce sont leurs sens qui ne perçoivent plus de façon correcte.

UTILISEZ DES AIDE-MÉMOIRE

Les agendas, les calendriers, les échéanciers et les organiseurs peuvent vous aider à mémoriser de nombreuses informations. Deux mots griffonnés suffisent à transformer une vague réminiscence en un souvenir clair. Les aide-mémoire étant des outils indispensables aux gens jeunes, il n'y a aucune raison pour qu'ils ne soient pas utiles à un esprit vieillissant. Employez-les de manière logique, en les laissant toujours à la même place et en les consultant régulièrement. Ils fourniront une base solide à vos souvenirs.

LES AIDE-MÉMOIRE TECHNOLOGIQUES
Ci-contre : Les micro-ordinateurs, qui peuvent stocker d'énormes quantités d'informations, sont les aide-mémoire les plus performants de notre époque. Vous pouvez leur confier un certain nombre de données qui ne vous sont pas immédiatement utiles.

FAITES TRAVAILLER VOTRE ESPRIT

Lorsqu'un souvenir particulier vous échappe, cherchez-le jusqu'à ce qu'il vous revienne. Refusez de vous avouer vaincu quand votre mémoire refuse de vous livrer une information. Revenez au même endroit ou refaites les mêmes gestes que la dernière fois où vous y avez

pensé, ou encore cherchez l'association d'idées qui la fera ressurgir dans votre esprit. Prenez conscience de ce que vous ressentez au moment où vous vous souvenez, et ne laissez pas votre mémoire s'endormir.

Alimentez votre imagination

Lire, écouter la radio, écrire ou peindre sont d'excellents moyens d'alimenter votre imagination. Aristote estimait qu'il est impossible de penser sans faire appel à des images mentales. Puisez dans vos expériences les images qui servent à appliquer les techniques décrites dans ce livre. Pour rester efficace, la mémoire doit être utilisée en accord avec le fonctionnement naturel de l'esprit. Cherchez sans cesse de nouvelles choses à apprendre, tout en gardant les bonnes habitudes mentales que vous avez acquises.

Souvenez-vous de vos rêves

Des étudiants en psychologie furent invités à raconter leurs rêves une fois par semaine, et à discuter de leur signification avec leurs camarades. Au début, la plupart reconnurent qu'ils ne se souvenaient pratiquement pas de leurs rêves. Mais, au bout de quelques séances de travail, tous furent à même de se les remémorer en détail. Parallèlement, leurs résultats s'améliorèrent dans les autres matières, ils se mirent à s'intéresser à plus de choses et enregistrèrent de nombreux changements positifs dans leur vie sociale.

Nous rêvons tous chaque nuit. En utilisant l'une de vos structures mentales comme une « réserve », vous parviendrez peut-être à vous souvenir d'un plus grand nombre de rêves. À l'instant même où vous vous réveillez, saisissez quelques-unes des images clés qui vous sont venues en songe pendant la nuit et placez-les dans la structure. Faites ceci tous les matins et prenez l'habitude de visiter régulièrement votre réserve.

Mémorisez vos rêves

Le récit de Lewis Carroll Alice au pays des merveilles *s'achève quand son héroïne réalise que les aventures qu'elle vient de vivre faisaient partie d'un rêve. Garder en mémoire les images clés de vos rêves est un excellent moyen de stimuler votre imagination et de maintenir votre esprit en éveil.*

Hygiène de vie

Ne méprisez pas le repos
C'est en voyant une pomme tomber d'un arbre alors qu'il se reposait dans son jardin qu'Isaac Newton découvrit en 1665 les lois de la gravitation universelle. Le fait qu'il était détendu lorsque l'idée le frappa met en lumière l'importance de la relaxation pour accroître les performances de l'esprit. Choisissez une structure mentale où vous garderez en réserve les idées nées pendant vos moments de repos.

Le repos et le sommeil

On peut supposer que l'activité mentale la plus importante survient lorsque nous sommes plongés dans une étude ou une réflexion intense. Mais n'avez-vous pas remarqué que les meilleures idées et les souvenirs les plus forts viennent souvent à l'esprit en période de repos ? Le philosophe grec Archimède lança son célèbre « Euréka ! » dans son bain ; le physicien britannique Isaac Newton aurait découvert les lois de la gravitation universelle alors qu'il sommeillait dans son jardin. Ces deux inventeurs furent inspirés par leur environnement – l'eau ou une pomme tombant d'un arbre – parce qu'ils se trouvaient dans un état de relaxation qui les rendait réceptifs. De même, vous vous apercevrez que les souvenirs oubliés vous reviennent à l'esprit quand celui-ci est calme et ne cherche pas à les retrouver. Le cerveau humain a besoin de périodes de repos pour fonctionner correctement. Les moments de détente ne sont pas perdus ; ils peuvent en réalité être extrêmement productifs.

Même si nous n'avons pas tous les mêmes besoins en la matière, un sommeil suffisant, à des heures régulières, est également important pour conserver une bonne mémoire. Pendant que nous dormons, l'esprit se repose, se régénère, résoud des problèmes, pense d'une autre manière. Si vous avez des insomnies, faites le nécessaire pour remédier à cette situation. Votre mémoire ne pourra pas fonctionner correctement si vous ne dormez pas assez.

L'exercice physique

Il est démontré que l'aérobic améliore la qualité du sommeil. En revanche, le manque d'exercice peut conduire à un sommeil irrégulier et peu réparateur. En conservant une activité physique, quelle qu'elle soit, vous bénéficierez d'un excellent sommeil. En partie parce qu'une personne en bonne condition physique peut transformer jusqu'à deux fois plus d'oxygène qu'un individu dont la

RESTEZ ACTIF
Pour bien fonctionner, l'esprit a besoin d'un corps sain.

forme laisse à désirer. Plus vous êtes actif, mieux votre cerveau est alimenté en oxygène. Le cerveau ne représente que trois pour cent de notre poids total, mais il peut utiliser à lui seul pratiquement la moitié de l'oxygène inhalé.

L'ALIMENTATION

Un régime alimentaire équilibré est aussi essentiel au bon fonctionnement de la mémoire. Certaines substances jouent un rôle particulièrement important dans les fonctions mentales :

- LA LÉCITHINE, que l'on trouve dans la laitance de poisson, le lait, les jaunes d'œufs, le soja et le blé, semble être indispensable au développement et à la conservation de la mémoire. Elle se dégrade en choline, un puissant médiateur des transmissions cérébrales.
- L'ACIDE GLUTAMIQUE, présent dans le soja, les céréales complètes et les laitages, nourrit les cellules cérébrales.
- LA PHÉNYLALANINE, un autre amino-acide essentiel que l'on trouve dans le lait, la viande, le fromage et les œufs, sert à constituer la noradrénaline, une substance vitale pour la mémorisation.
- L'ACIDE RIBONUCLÉIQUE (ARN) est supposé prolonger la vie des cellules nerveuses du cerveau. On le trouve dans les poissons et les fruits de mer, qui contiennent aussi du diméthyl-amino-éthanol, une substance utile à la fabrication des neurotransmetteurs du cerveau. Manger du poisson, c'est nourrir votre cerveau.

Certains médicaments affectent la mémoire, aussi, parlez-en à votre médecin si vous avez l'impression que la vôtre s'affaiblit lors d'un traitement. Il existe des suppléments nutritionnels susceptibles de stimuler la mémoire. Parmi eux figurent les dérivés du ginkgo, un arbre vieux de deux cent millions d'années, qui sont utilisés en Chine depuis près de trois mille ans. Les autres plantes pouvant améliorer la mémoire sont la sauge, le romarin et la mélisse officinale.

CONSULTEZ VOTRE MÉDECIN
Si votre traitement médical paraît affecter votre mémoire, discutez-en avec votre médecin.

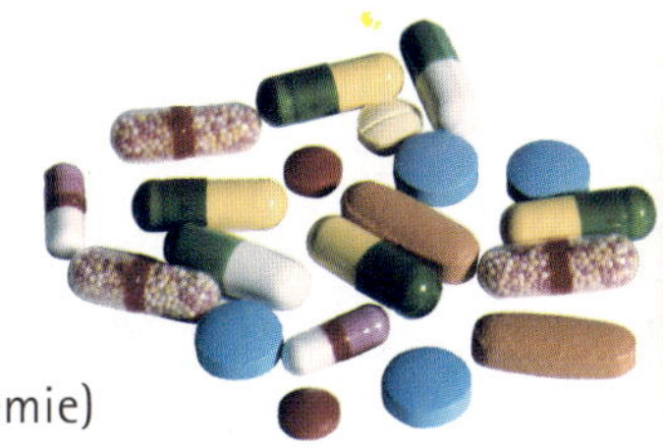

Des recherches ont montré que le maintien d'un taux de sucre (glycémie) constant dans le sang est important pour les fonctions cérébrales. Des collations rapprochées, par exemple, toutes les trois heures, peuvent donc être meilleures pour la mémoire que deux ou trois gros repas par jour.

ÉQUILIBREZ VOTRE ALIMENTATION
Mangez au moins cinq portions de fruits et de légumes frais par jour. Consommez peu de graisses, de sel et de sucres rapides, qui se trouvent souvent en quantités importantes dans les conserves et les plats préparés.

Souvenez-vous du passé

Plus nous prenons de l'âge, plus les souvenirs qui nous reviennent aisément en mémoire sont éloignés. Alors que notre mémoire à court terme paraît faiblir, notre capacité à nous rappeler notre enfance est plus grande que jamais. C'est en partie parce que nous avons déjà repensé d'innombrables fois aux souvenirs du passé. Toutefois, cette répétition signifie aussi que nous ne pouvons pas être certains de leur exactitude. Travailler sur son enfance et son adolescence peut être thérapeutique et enrichissant, mais réserve parfois quelques surprises de taille.

Choisissez un souvenir très lointain que vous avez souvent évoqué et peut-être raconté à d'autres personnes. Fermez les yeux et laissez-le emplir votre esprit, avec le plus grand nombre de détails possible. Ensuite, demandez-vous honnêtement si les choses se sont réellement déroulées ainsi.

Réécrire le passé

De nombreuses personnes qui ont fait cette expérience ont découvert que leurs souvenirs d'enfance étaient en réalité un mélange de divers éléments : événements réels, photographies, récits familiaux, idéalisations, etc. Tout comme dans ce jeu où une phrase répétée par chacun à l'oreille de son voisin finit par être totalement déformée, un souvenir se transforme chaque fois qu'on l'évoque. On peut dire qu'il est moins la remémoration d'un événement

Tirez profit du passé
Consacrez quelques minutes par jour à évoquer de lointains souvenirs. Vous maintiendrez ainsi votre mémoire en éveil tout en intégrant harmonieusement le passé à votre perception du présent et de l'avenir.

réel que celle de la dernière fois où il nous est venu à l'esprit. Il est toujours possible qu'un examen de son contenu révèle des inexactitudes. En interrogeant des témoins, en examinant des photographies ou des documents de l'époque, vous découvrirez probablement que les souvenirs qui vous ont toujours semblé les plus sûrs sont en réalité bien moins exacts et constants dans votre mémoire que vous l'imaginiez.

En janvier 1986, trois jours après l'explosion de la navette spatiale Challenger, des chercheurs travaillant sur la mémoire demandèrent à un certain nombre de volontaires d'indiquer où ils se trouvaient au moment où ils avaient appris la nouvelle. La même question leur fut posée neuf mois plus tard.

Les résultats de ce sondage furent significatifs : en neuf mois, les souvenirs de la plupart des personnes interrogées s'étaient modifiés. Dans leur seconde version des faits, certains ne se voyaient plus en compagnie des mêmes personnes, tandis que d'autres décrivaient carrément des lieux différents.

Voyager dans le temps

Bien entendu, tous vos souvenirs lointains ne sont pas inexacts. Un bon nombre peuvent être authentiques, et vous les retrouverez en habituant votre esprit à « voyager dans le temps ». Détendez-vous en stimulant votre imagination (page 43). Fixez votre attention sur un seul détail d'un souvenir éloigné. Laissez les images et les sensations affluer, les associations se former et révéler leurs significations.

S'il est exact que l'on n'apprend bien que par l'expérience, cette remontée dans le temps est un excellent moyen de vous remémorer vos succès et vos échecs, d'en tirer le meilleur parti. Étant donné la nature fluctuante de la mémoire, vous pouvez aussi les transformer en vous servant de votre imagination, afin de mettre en relief les choses dont vous souhaitez ardemment vous souvenir et de rejeter dans l'ombre celles que vous préférez oublier.

Partagez le passé
Se souvenir le mieux possible d'événements passés et les partager régulièrement avec d'autres personnes aide à conserver ses capacités mnésiques.

Reconstituez un souvenir

Dans de nombreuses circonstances, les récits des témoins oculaires sont essentiels si on veut reconstituer ce qui s'est passé. Aussi n'est-il pas étonnant que de multiples recherches aient été faites afin de découvrir le moyen d'obtenir des témoignages fiables. Lors d'une intéressante étude parue en 1988, Fisher et Geiselman définissaient une stratégie en quatre étapes, dont s'inspire celle proposée ci-après.

Première étape : revenir mentalement sur les lieux

Servez-vous de votre imagination pour essayer de revivre l'événement dont vous tentez de vous souvenir.

Les témoins d'un accident sont invités à retrouver le plus grand nombre possible des conditions dans lesquelles il s'est produit. Quel temps faisait-il ? Que portiez-vous ? Comment vous sentiez-vous ?

Quand votre mémoire refuse de vous livrer une information, reportez-vous au moment où vous en avez pris connaissance. Parfois, le simple fait de vous rappeler où vous étiez suffit à la raviver. La mémoire dépend souvent du contexte ; par exemple, il arrive que l'on ne reconnaisse pas une personne croisée dans un environnement inhabituel. Aussi devez-vous essayer de retrouver avec précision les circonstances dans lesquelles l'événement s'est produit, y compris votre humeur, votre niveau de fatigue ou d'attention. Les alcooliques sont souvent incapables de se souvenir de ce qu'ils ont fait ou vu lorsqu'ils étaient en état d'ébriété... jusqu'à ce qu'ils soient de nouveau saouls. La maîtrise de votre imagination peut de la même manière vous permettre de recréer la situation dans laquelle vous avez vu ou appris quelque chose pour la première fois.

Conditions à se remémorer :

Temps ?	Pluie
Habillement ?	Costume
Humeur ?	Excellente
Accompagné ?	Par Paulette
Discussion ?	Nouvelle secrétaire
Consommation ?	Un hamburger
Faits inhabituels ?	Musiciens de rue
Circulation ?	Fluide, beaucoup de deux-roues

Deuxième étape : se concentrer sur les détails

Essayez de visualiser tous les détails de la scène, y compris ceux qui paraissent sans intérêt. Les témoins d'un événement constatent souvent que leur souvenir devient plus précis lorsqu'ils se concentrent sur un détail puis laissent des associations se former dans leur esprit. Si un souvenir ne vous revient que partiellement, prenez un détail comme point de départ, et voyez ensuite où vous mènent les associations qu'il vous inspire.

Détails clés
Les clés, les voitures et le chien font partie d'une association d'idées.

Troisième étape : revoir les faits dans un ordre différent

Pour le témoin d'un hold-up, cela signifie commencer par le moment où les bandits sont sortis de son champ de vision, puis revenir en arrière, un détail après l'autre, jusqu'au début de l'agression. Après un accident de la circulation, on demande aux témoins de décrire d'abord le choc des deux véhicules, puis d'expliquer ce qui s'est passé avant et après. Si vous constatez qu'il manque certaines images dans le souvenir que vous avez d'un événement, essayez de les retrouver en partant de celles dont vous vous souvenez déjà.

La scène de l'accident
Lorsqu'une scène a comporté des détails choquants, la mémoire a tendance à les « évacuer ».

Quatrième étape : changer de point de vue

Essayez de décrire un événement à partir d'autres points de vue que le vôtre. À quoi aurait ressemblé le hold-up vu par l'un des agresseurs ou par une personne située sur le trottoir opposé ? Comment l'accident a-t-il été perçu par les passagers des véhicules ou par le pilote de l'hélicoptère qui survolait alors le carrefour ?

À l'intérieur de vos structures mentales, vous pouvez changer de place et voir les faits sous différents angles. Votre imagination vous permet de faire de même dans la vie réelle. Si, par exemple, vous avez égaré un objet, revoyez tous les gestes que vous avez faits juste avant de le perdre, au travers des yeux d'une autre personne.

Sous tous les angles
Visualisez la scène sous tous les angles.

La pensée globale

LE BUT ULTIME DES STRATÉGIES DÉVELOPPÉES DANS CE LIVRE EST DE VOUS AMENER À DÉCOUVRIR LA PENSÉE GLOBALE, LE MODE DE FONCTIONNEMENT LE PLUS EFFICACE ET LE PLUS GRATIFIANT DE VOTRE CERVEAU, QUI MOBILISE TOUTES VOS RESSOURCES MENTALES POUR ATTEINDRE UN SEUL OBJECTIF.

Vos deux cerveaux
Les techniques de mémorisation les plus efficaces font appel aux deux hémisphères cérébraux.

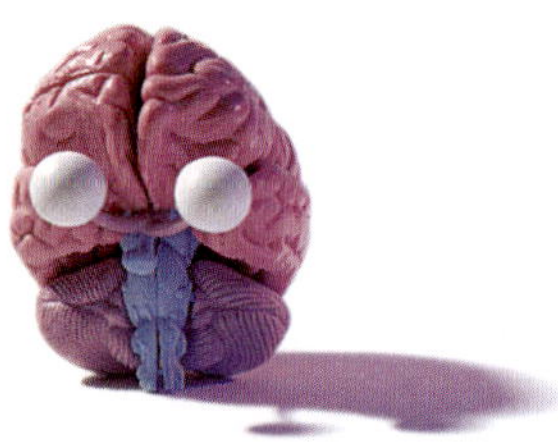

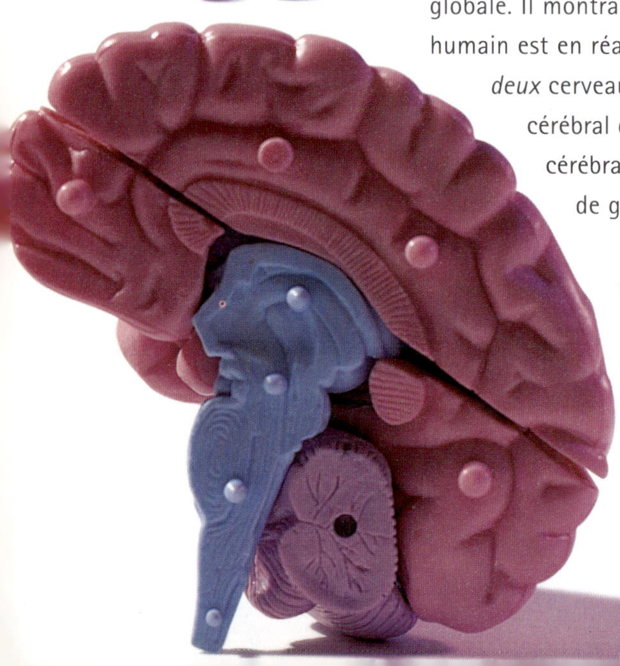

Notre mémoire change à mesure que nous vieillissons, mais les stratégies naturelles de la pensée globale ne se modifient pas avec le temps. Utilisez votre mémoire comme certains des plus grands esprits de l'histoire, et vous pourrez conserver au fil des ans une puissance mentale exceptionnelle, qui ne faiblira jamais.

Dans les années 1960, le chercheur californien Roger Sperry identifia un aspect fondamental de nos fonctions mentales, sur lequel s'appuie la pensée globale. Il montra que le cerveau humain est en réalité composé de *deux* cerveaux, l'hémisphère cérébral droit et l'hémisphère cérébral gauche, présentant de grandes différences. L'hémisphère droit est le siège de l'imagination. Il apprécie les couleurs et les formes ; il rêve et crée. L'hémisphère gauche est celui de la logique. Il manipule les mots, les nombres, les idées abstraites ; il analyse, vérifie, et prend des décisions rationnelles.

Depuis, les recherches ont montré que les grands créateurs s'appuient à la fois sur l'imagination et sur la logique, utilisant la totalité de leur cerveau pour produire une pensée *globale*. En appliquant les techniques présentées dans cet ouvrage, vous avez été amené à faire de même.

Dans ces techniques, des images colorées et suggestives (hémisphère droit) sont insérées dans des cadres mentaux ordonnés logiquement (hémisphère gauche). L'interprétation des images au moyen d'associations instinctives (hémisphère droit) vous permet de tirer des conclusions rationnelles (hémisphère gauche).

On pourrait aussi considérer que la pensée globale associe les modes

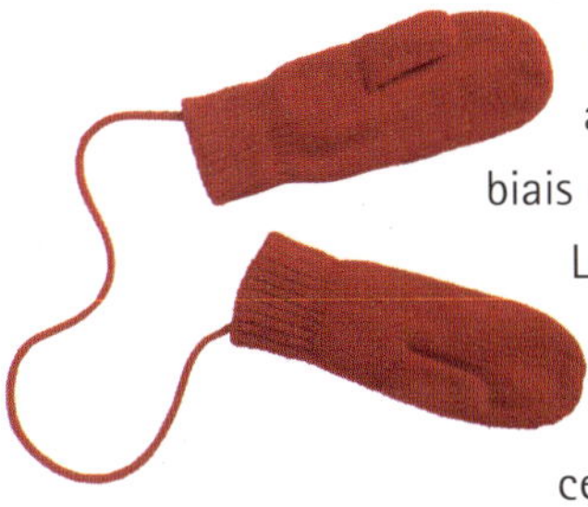

de pensée enfantin et adulte dans une même démarche. Les enfants apprennent naturellement par le biais de la curiosité et de l'imagination. Leurs livres les encouragent à penser en images et en histoires, et la partie dominante de leur cerveau est la droite.

Avec l'âge, l'hémisphère gauche prend le dessus. L'éducation s'appuie de plus en plus sur la logique. Adultes, nous avons tendance à accueillir les nouvelles informations sans faire appel à notre imagination. Certains conservent une tendance naturelle à utiliser alternativement les deux parties de leur cerveau mais, en règle générale, un comportement « adulte » est dominé par l'hémisphère gauche. Considérés séparément, ces deux hémisphères sont incomplets. Les enfants apprennent vite, mais leur pensée manque de structure. Les adultes pensent d'une manière plus cohérente, mais sont très souvent coupés de leurs sens et incapables de se servir de leur imagination.

La pensée globale résulte de la combinaison des facultés des deux parties du cerveau. Elle est extrêmement puissante, comme le montrent l'histoire et les œuvres de certains des plus grands et des plus célèbres créateurs de l'histoire.

LES INSUFFISANCES DE L'ENFANCE
Les jeunes enfants oublient souvent beaucoup de choses, y compris des vêtements qui leur sont pourtant très utiles.

WOLFGANG AMADEUS MOZART

Dans son livre *les Personnalités extraordinaires*, Howard Gardner note que Mozart était aussi passionné par les mathématiques et par les langues que par la musique. Son caractère était un fascinant mélange de capacités, relevant des deux hémisphères du cerveau.

« Mozart représentait un cas extrême d'amalgame de jeunesse et d'insouciance d'un côté, de maturité et de sagesse de l'autre. Tous les Maîtres (de fait, tous les créateurs) combinent ces aspects juvénile et adulte – un grand nombre d'entre eux estiment même que cette fusion constitue une des caractéristiques fondamentales, indispensable, de leur génie », commente Gardner.

Mozart était naturellement un « penseur global », et nous savons qu'il avait une mémoire prodigieuse. Enfant, il entendit le *Miserere* de Gregorio Allegri, une œuvre dont la partition ne pouvait sortir de la chapelle où elle était conservée. Il la transcrivit donc entièrement de mémoire. Sa version fut plus tard vérifiée par un spécialiste, qui n'y découvrit qu'une seule petite erreur.

ENFANT PRODIGE
Mozart pouvait entendre un morceau une seule fois et le réécrire en ne commettant pratiquement aucune erreur.

Albert Einstein

Enfant, Einstein fut renvoyé de l'école pour mauvaise conduite. En dépit de son apparente distraction, il avait un esprit d'une incroyable curiosité. Il fut attiré par d'innombrables sujets. À la fin de sa vie, il s'adonna au violon et à la navigation à voile.

Pour ses grandes découvertes, il s'appuyait aussi bien sur l'imagination (hémisphère droit) que sur la raison (hémisphère gauche). Il tira de ses réflexions sur l'univers des conclusions qui lui fournirent les bases de ses théories révolutionnaires. Le fait de se visualiser à cheval sur un rayon lumineux l'aida à aboutir à la plus célèbre de ses équations : $E = MC^2$, qui résume la théorie de la relativité.

Un visionnaire convaincu
Einstein décrivit une rêverie où il se voyait chevauchant un rayon de soleil jusqu'à la limite de l'univers, découvrant à la « fin » de son voyage qu'il se retrouvait à son point de départ.

Lewis Carroll

Professeur de mathématiques à Oxford, Lewis Carroll — de son vrai nom Charles Dodgson — fut l'auteur de nombreux traités et articles sur la logique symbolique. Il écrivit également l'un des plus beaux contes pour enfants, *Alice au pays des merveilles*, un chef-d'œuvre de non-sens et de fantaisie.

Alice résulte d'une étroite collaboration entre les hémisphères droit et gauche de son auteur. Ces aventures fantastiques se déroulent selon un schéma parfaitement clair, mais qui n'a souvent aucun sens. Avec ses personnages hauts en couleur, son humour, ses sensations et ses émotions fortes, l'ouvrage illustre parfaitement la pensée enfantine et met en relief l'importance de la logique. Lewis Carroll était par ailleurs fasciné par la mémoire, sur laquelle il écrivit plusieurs articles.

Image magique
*Figure inoubliable de l'imagination enfantine, le Lapin Blanc, l'un des personnages clés d'*Alice au pays des merveilles*, a séduit des générations de lecteurs de tous les âges.*

Léonard de Vinci

L'homme qui peignit la célèbre *Joconde* produisit également des plans de tanks, de sous-marins et de machines volantes qui témoignent de sa maîtrise de la pensée globale.

Léonard de Vinci réalisa ses œuvres en prêtant une grande attention aux détails techniques. Ses notes montrent qu'il utilisait ses connaissances en physique et en optique pour résoudre les problèmes de lumière et de couleurs qu'il rencontrait dans ses peintures. Son approche artistique était parfaitement rationnelle, mêlant l'imagination et une observation attentive de la nature.

De la même manière, ses inventions techniques combinaient la rigueur d'un esprit scientifique et une extraordinaire puissance visionnaire. Ses quatre principes de base résument la nature universelle de son génie :

1. **Étudier l'art de la science**
2. **Étudier la science de l'art**
3. **Apprendre à voir et à se servir de tous les sens**
4. **Étudier en sachant que toutes les choses sont reliées entre elles**

Élevez votre niveau de conscience
Laissez les tendances contradictoires de votre esprit à imaginer et à rationaliser travailler ensemble, afin d'accéder à un étonnant niveau de conscience.

RÉVOLUTIONNEZ VOTRE VIE

MAINTENANT QUE VOUS SAVEZ COMMENT VOTRE MÉMOIRE FONCTIONNE ET DE QUELLE MANIÈRE TIRER PARTI DE SES EXTRAORDINAIRES POSSIBILITÉS, IL EST TEMPS D'APPLIQUER VOS NOUVEAUX TALENTS À VOS BESOINS CONCRETS. FIXEZ-VOUS DES OBJECTIFS ET COMMENCEZ À FAIRE BÉNÉFICIER D'AUTRES PERSONNES DES BIENFAITS DE L'AMÉLIORATION DE VOTRE MÉMOIRE. ELLE PEUT VOUS AIDER À EXERCER UNE RÉELLE INFLUENCE, EN VALORISANT VOS QUALITÉS ET EN VOUS FAISANT REMARQUER COMME QUELQU'UN SORTANT DE L'ORDINAIRE.

Pensez à vous souvenir

POUR GÉRER CONVENABLEMENT VOTRE TEMPS, VOUS DEVEZ VOUS SOUVENIR DES TÂCHES ET DES RESPONSABILITÉS QUI VOUS INCOMBENT. VOICI DES IDÉES POUR VOUS AIDER À VOUS RAPPELER CE QUE VOUS DEVEZ FAIRE ET QUAND.

Vous est-il déjà arrivé, à la fin de votre journée de travail, de vous apercevoir que vous avez oublié une tâche urgente ? Et de savoir que, si vous l'aviez accomplie à temps, elle vous aurait pris dix minutes, alors qu'elle va maintenant vous occuper une heure ?

UNE MÉMOIRE POUR LA MÉMOIRE
Classez les tâches que vous avez tendance à oublier dans votre espace-mémoire conçu pour « vous souvenir de vous souvenir ». Par exemple, ramener les livres à la bibliothèque, nourrir le chat ou prendre le linge au pressing.

Créez un espace-mémoire

Utilisez un espace-mémoire, une structure mentale spécialement destinée à vous rappeler vos tâches quotidiennes. Choisissez un lieu que vous voyez tous les jours, par exemple, une maison, un supermarché ou une église proches. Au lieu de le diviser en dix zones comme à l'accoutumé, visualisez-le sous la forme d'un seul bloc dans lequel vous placez toutes vos images.

Choisissez une image représentant chaque tâche à accomplir. Colorez-la, amplifiez-la, puis fixez-la dans votre espace-mémoire de la manière la plus frappante possible. Par exemple, pour vous rappeler de faire les courses de la semaine, imaginez-vous clouant un lourd sac à provisions au plafond. Si ne voulez pas oublier de déposer un chèque à la banque, voyez-vous tapissant un mur entier de chèques.

Visitez votre espace-mémoire plusieurs fois par jour, en prenant note des images qui s'y trouvent encore. Au début, efforcez-vous d'y penser chaque fois que vous voyez le lieu réel dont vous vous êtes inspiré pour le créer. Par la suite, ces visites deviendront un réflexe. Dès que vous avez accompli une tâche, faites disparaître son image. Imaginez-vous, par exemple, arrachant le clou auquel était pendu le sac à provisions, ou grattant le mur pour décoller les

COMME UNE LAMPE QUI S'ALLUME
Quand une technique de mémorisation vous aura aidé, vous vous sentirez satisfait, comme ces personnages de dessins animés au-dessus desquels une lampe s'allume quand ils ont une idée.

chèques. Les images clés ne doivent demeurer en place que tant qu'elles n'ont pas rempli leur fonction.

SERVEZ-VOUS DE VOTRE IMAGINATION

Votre imagination peut aussi vous rappeler ce que vous devez faire à un moment précis. Visualisez le lieu où vous vous trouverez quand vous devrez penser à une tâche, et concentrez-vous sur un détail que vous y verrez à coup sûr. Créez ensuite une image pour représenter la tâche concernée, puis associez-la au détail choisi.

Ainsi, une balle de golf projetée vers vous par la vieille horloge comtoise d'un ami vous fera penser à lui demander la date de votre prochaine rencontre lorsque vous passerez chez lui. Ou l'image de tessons de verre tombant d'un étal de fruits vous rappellera que vous devez acheter des ampoules la prochaine fois que vous irez au supermarché. Imaginez-vous arrivant sur les lieux, remarquant le détail sélectionné, puis le voyant se transformer en votre image clé. Essayer d'imaginer le contexte : comment vous sentirez-vous ? À quelle tâche vous fera penser l'image clé ? Mettez autant d'émotion que possible dans votre visualisation, et voyez de quelle façon cette stratégie va fonctionner dans la réalité.

Lorsque vous serez réellement sur place, vous saurez que vous devez vous souvenir de quelque chose. Vous remarquerez le détail que vous avez mémorisé, et l'image clé qui lui est associée vous reviendra à l'esprit.

Vous serez, par exemple, assis dans le salon de votre ami ; vos yeux se poseront sur son horloge comtoise. Vous verrez immanquablement une balle de golf en jaillir, et vous vous souviendrez que vous devez parler avec lui de votre prochain match.

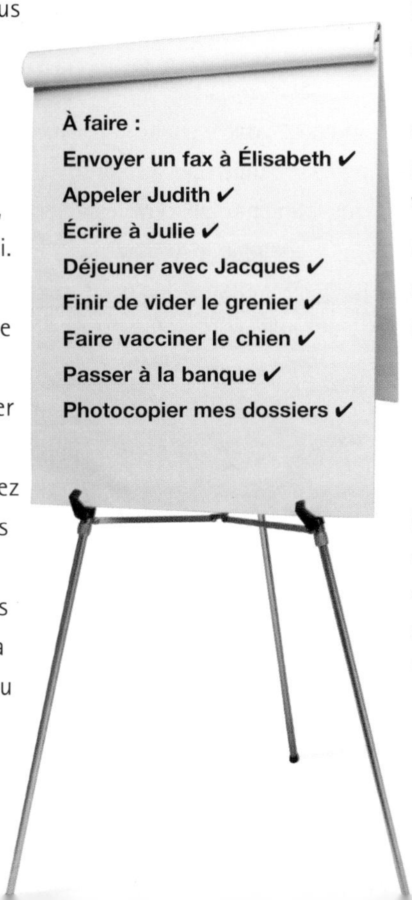

DOTEZ-VOUS D'UN ESPACE-MÉMOIRE
Créez un espace mental pour vous aider à retenir vos tâches quotidiennes. Vous pouvez visualiser un lieu, un bloc-notes, un tableau, ou même une simple boîte.

Rendez-vous inoubliable

SOUVENT, IL NE SUFFIT PAS D'AVOIR UNE BONNE MÉMOIRE. IL EST ÉGALEMENT IMPORTANT QUE D'AUTRES PERSONNES SE SOUVIENNENT DURABLEMENT DE VOUS.

Une fois que vous savez comment accroître la puissance de votre mémoire, utilisez vos aptitudes pour que les gens ne vous oublient pas. Vous laisserez une impression positive durable, vous établirez des relations solides, vous pourrez diriger des réunions et faire des exposés adaptés à votre auditoire. Suivez pour cela les dix règles suivantes.

1 Aidez les autres à se souvenir de votre nom

Assurez-vous que les gens que vous rencontrez pour la première fois entendent clairement votre nom. Si un détail peut les aider à s'en souvenir, n'hésitez pas à le signaler. Prenez soin de l'épeler, expliquez ce qu'il signifie, faites une plaisanterie à son sujet. Répétez-le à plusieurs reprises au cours de la conversation et, lorsque vous prenez congé, n'oubliez pas de laisser une carte de visite à votre interlocuteur.

Votre nom est un sésame

Votre nom permet de vous identifier. Assurez-vous que les autres le connaissent.

2 Exprimez-vous en images

Les grands orateurs utilisent toujours des images fortes, des comparaisons et des métaphores pour capter l'attention de leur public. Les gens ont tendance à oublier facilement les explications abstraites, mais se souviennent très bien des idées illustrées par des images concrètes. Si vous devez présenter un outil, par exemple, décrivez très précisément comment il fonctionne, afin que votre auditoire visualise le processus. Pensez comme un dessin ou une fable parvient souvent à présenter des concepts complexes de façon simple.

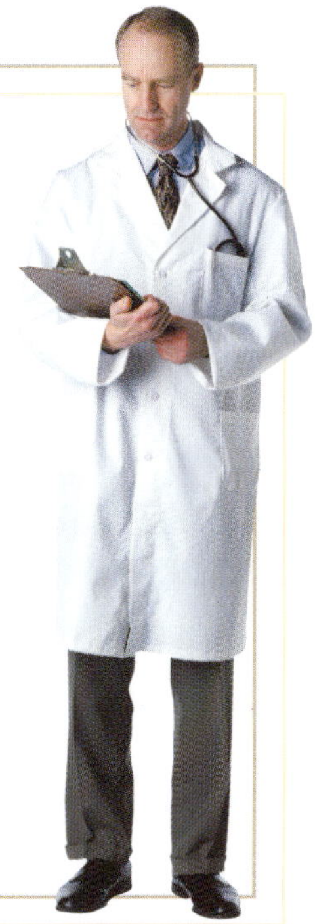

Utilisez des images parlantes

Pour expliquer son état à un patient, un médecin peut comparer l'évolution de la maladie à l'assaut d'une armée ennemie, contenu par la résistance des « cellules-soldats » de son organisme.

3 Structurez vos propos

Les images faisant appel aux sens activent la partie droite du cerveau de vos auditeurs, mais la structuration de votre discours est indispensable pour que l'hémisphère cérébral gauche soit aussi concerné. Prenez soin de présenter vos idées dans un ordre logique. Si les gens qui vous écoutent perdent le fil de votre démonstration, ils ne pourront pas s'en souvenir.

Utilisez vos fiches mentales

Ordonnez vos exposés d'une manière logique, afin que votre auditoire puisse à chaque fois saisir les points forts de votre démonstration.

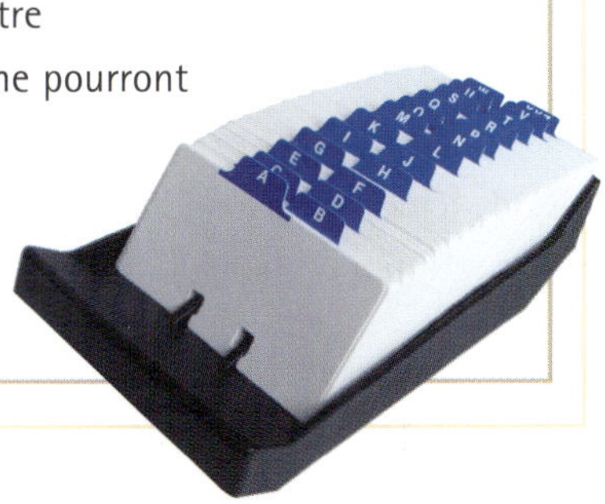

4 Sachez émouvoir vos auditeurs

La mémoire étant étroitement liée aux émotions, il est important que vous sachiez faire vibrer votre public.

Vous pouvez l'amuser, le surprendre, le faire rêver... Un auditoire qui se sent concerné est toujours plus réceptif ; il garde un souvenir plus vif aussi bien de ce qu'il a entendu que de la personne qui s'est adressée à lui.

Soyez original

Faites en sorte que vos auditeurs se sentent concernés. N'hésitez pas à sortir des sentiers battus et à utiliser des images originales.

5 Présentez vos informations de diverses manières

Certains retiennent plus aisément une information lorsqu'ils la lisent, d'autres lorsqu'ils l'entendent. Offrez plusieurs possibilités à votre public. Si vous utilisez des dessins ou des graphiques, assurez-vous qu'ils sont clairs et faciles à retenir. Vous pouvez aussi présenter des documents sonores.

Ayez de la ressource
Apprenez à varier la présentation de vos informations.

6 Tenez compte des rythmes de la mémoire

On retient toujours mieux le début et la fin d'un discours. Choisissez ces moments pour exposer les points forts de votre démonstration. Entre les deux, redoublez d'efforts, montrez-vous à la fois simple et convaincant pour continuer à capter l'intérêt du public.

À mi-parcours
Quand l'attention de vos auditeurs faiblit, sachez la réveiller en vous montrant aussi convaincant que convaincu.

7 Préparez avec soin vos interventions

Les gens se souviendront plus facilement de vous si vous leur paraissez compétent, sûr de vous, vous exprimant avec aisance. Essayez de toujours faire vos exposés de mémoire. N'hésitez pas à vous entraîner devant un miroir ou un caméscope.

Comme un acteur
Pour améliorer vos prestations, entraînez-vous devant un miroir ou un caméscope.

8 Veillez à présenter clairement vos documents

Les documents que vous distribuez à vos auditeurs – notes photocopiées, plans, résumés, etc. – doivent être clairs, bien présentés, avec les points importants mis en évidence par des couleurs ou des images. Rédigez-les en leur appliquant vos techniques de mémorisation habituelles.

Clairs et lisibles
Les documents que vous distribuez doivent être clairs et attrayants.

9 Motivez les autres pour qu'ils se souviennent de vous

Donnez de bonnes raisons à vos auditeurs de vous écouter et de retenir ce que vous dites. Peut-être votre exposé leur permettra-t-il de gagner de l'argent ou du temps, d'améliorer leurs conditions de travail, de passer des examens... Rappelez-le leur au début et à la fin de votre discours, de manière à éveiller leur intérêt.

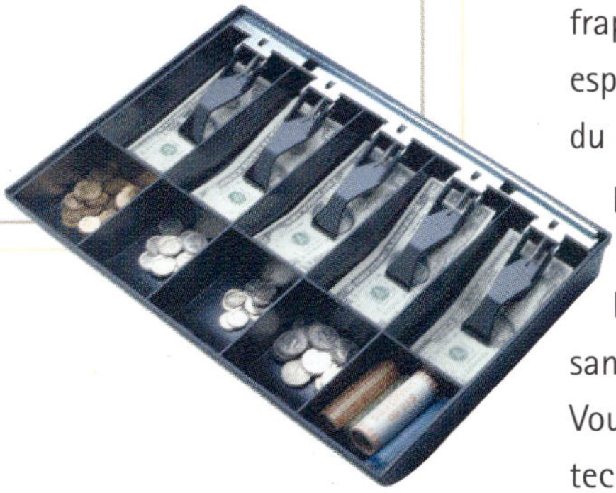

Faites valoir les avantages
S'il y a un bénéfice à la clé – comme de l'argent ou une promotion –, vos propos resteront gravés dans toutes les mémoires.

10 Posez des jalons pour le futur

Si vous aidez d'autres personnes à améliorer leurs techniques d'apprentissage, il vous suffira plus tard de leur donner quelques points de repère simples pour que la mémoire leur revienne. Si des gens que vous avez déjà rencontrés ne se souviennent pas de vous, facilitez-leur la tâche : redites-leur votre nom et rappelez-leur votre précédente rencontre. Utilisez le fait que vous pouvez vous souvenir d'eux pour les aider à se souvenir de vous.

Faites-vous reconnaître
Aidez vos interlocuteurs à vous identifier.

Assurez votre promotion

Ces dix règles vous aideront à faire votre propre publicité. Les publicitaires savent comment éveiller et contrôler la mémoire. À la télévision ou dans la presse, vous pouvez repérer nombre d'informations présentées pour frapper durablement votre esprit. Nous sommes bombardés du matin au soir de messages porteurs d'images fortes, d'humour et d'émotions. Les annonceurs sollicitent sans cesse notre mémoire. Vous pouvez utiliser les mêmes techniques pour vous faire apparaître tel que vous aimeriez que l'on se souvienne de vous.

Après avoir choisi votre « image de marque » — ce que vous souhaiteriez que les autres pensent de vous —, assurez-vous que vous en présentez toutes les caractéristiques d'une façon aussi nette et mémorable que possible. Lors d'un entretien de travail, par exemple, vous pouvez raconter l'une de vos réussites de manière vivante, en créant des images et en suscitant des émotions telles que l'on associera ensuite votre nom à l'idée de succès.

À VOUS DE JOUER

MAINTENANT QUE VOUS SAVEZ COMMENT TIRER LE MEILLEUR PARTI DE VOTRE MÉMOIRE, COMMENCEZ À LE FAIRE TOUT DE SUITE.

La pensée humaine est très routinière, et vos anciennes habitudes mettront quelque temps à disparaître. Appliquez progressivement vos techniques de mémorisation. Cette nouvelle attitude vous paraîtra peut-être artificielle au début mais, avec de la patience, elle deviendra bientôt un automatisme.

AU DÉBUT DE CHAQUE JOURNÉE...

- Au réveil, passez vos rêves en revue (page 147). Détendez-vous, concentrez-vous sur les scènes dont vous vous souvenez, et demandez-vous ce qu'elles peuvent vous apprendre pour la journée à venir. Placez les images intéressantes dans une structure mentale réservée à vos rêves.

- Visualisez la journée qui vous attend. Évoquez les principales difficultés que vous aurez à affronter et imaginez-vous les surmontant. Mettez en relief vos peurs et vos craintes, et efforcez-vous de modifier vos images mentales pour n'éprouver que des émotions positives.

- Visitez votre espace-mémoire pour vérifier les tâches à accomplir (pages 160-161).

- Créez des images clés pour vous souvenir des tâches que vous pourriez oublier (page 161).

En cours de journée...

- Visitez régulièrement votre espace-mémoire afin de n'oublier aucune de vos tâches de la journée.

- Utilisez vos capacités pour vous souvenir :
  - des noms et des visages (pages 86-89) ;
  - des numéros de téléphone, des dates et des nombres (pages 74-77) ;
  - des techniques et des modes d'emploi (pages 78-79) ;
  - des directions et des itinéraires (pages 98-101).

À la fin de chaque journée...

- Décidez quelles informations nouvelles vous devez retenir – en particulier les noms et les visages – et utilisez vos techniques de mémorisation pour les ancrer solidement dans votre mémoire.

- Faites mentalement la liste de vos tâches du lendemain, transformez-les en images clés et placez celles-ci dans votre espace-mémoire.

- Pensez aux difficultés qui vous attendent le jour suivant. Placez-vous dans un bon état d'esprit pour pouvoir les affronter avec succès.

- Servez-vous de votre imagination pour détendre complètement votre esprit et le préparer à faire des rêves agréables qui vous resteront en mémoire.

Test final de progression

L'OBJECTIF DE CE SEPTIÈME ET DERNIER TEST EST DE VOUS PERMETTRE DE MESURER LES PROGRÈS ACCOMPLIS DEPUIS LES PREMIERS EXERCICES DES PAGES **17-18.**

LA LECTURE DE CE LIVRE vous a fait découvrir une série de techniques de mémorisation nécessitant de mettre en œuvre votre imagination. Voici le moment venu de vérifier que vous pouvez les intégrer dans votre quotidien.

Pensez aux étapes que vous avez déjà franchies : le plaisir d'utiliser des histoires et des images, la création de structures mentales personnalisées et l'application de références visuelles aux données que vous désirez mémoriser. Avant de commencer ce test, revoyez tout ce que vous avez appris jusqu'ici. Ne vous laissez pas impressionner par son aspect d'examen de passage : s'il marque effectivement la fin de votre apprentissage, il inaugure aussi le début d'un nouveau mode de vie, où la maîtrise de votre mémoire vous rendra plus sûr de vous et vous procurera de grandes joies.

Noms et visages

VOUS AVEZ DEUX MINUTES POUR MÉMORISER LES DIX NOMS CI-DESSOUS.

Pierrette Davoust
Stéphane Huberlin
Chris Porter
Anna Ferrari
Marie-Anne Veston
Patricia Lee
Robert Gabarit
Daniel Saint-Martin
Victoria Kohl
Mouloud Hallaj

Mots

LISEZ LES MOT CI-DESSOUS. VOUS AVEZ DEUX MINUTES POUR LES MÉMORISER.

bicyclette
jumelles
pomme
sandwich
médecin
eau
chapeau
coquillage
bibliothèque
mains
couteau
anneau
biscuit
stade
quinze

Nombres

VOUS DISPOSEZ DE CINQ MINUTES POUR APPRENDRE LES NUMÉROS DE TÉLÉPHONE SUIVANTS.

Adrien	04 91 36 73 20
Jean	01 44 50 74 77
Pauline	01 42 16 06 18
Lucien	03 45 56 67 78
Marie-Louise	02 45 67 12 22
Judith	03 94 25 06 00

Courses et tâches

DONNEZ-VOUS CINQ MINUTES POUR APPRENDRE CES DEUX LISTES.

LISTE A	LISTE B
1 vin	1 nettoyer la voiture
2 poivrons	2 envelopper les cadeaux
3 café	3 nourrir le chien
4 salade	4 faire la vaisselle
5 poisson	5 repeindre la cuisine
6 champignons	6 réparer le lave-linge
7 pâté en croûte	7 poster le courrier
8 glaces	8 acheter un cadeau pour Richard
9 pommes de terre	9 appeler Charles
10 poireaux	10 aller à la bibliothèque

Quels sont vos résultats

VOUS ALLEZ POUVOIR MESURER LES NOUVELLES POSSIBILITÉS DE VOTRE MÉMOIRE. SOUVENEZ-VOUS QUE LA CONCENTRATION EST VOTRE MEILLEURE ALLIÉE.

Noms et visages

DE COMBIEN DE NOMS VOUS SOUVENEZ-VOUS ? ACCORDEZ-VOUS UN POINT POUR CHAQUE PRÉNOM ET UN POINT POUR CHAQUE NOM DE FAMILLE.

Mots

ÉCRIVEZ CI-DESSOUS, SANS VOUS SOUCIER DE LEUR ORDRE, LES QUINZE MOTS DE LA LISTE. COMPTEZ-VOUS DEUX POINTS POUR CHACUN DES MOTS DONT VOUS VOUS SOUVENEZ.

Nombres

COMBIEN DE NUMÉROS DE TÉLÉPHONE ÊTES-VOUS PARVENU À MÉMORISER ? CHAQUE NUMÉRO QUE VOUS ARRIVEREZ À RETROUVER SANS ERREUR VAUDRA CINQ POINTS.

Adrien .... Lucien ....

Jean .... Marie-Louise ....

Pauline .... Judith ....

Courses et tâches

ESSAYEZ DE RECONSTITUER CI-DESSOUS LES LISTES A ET B. ACCORDEZ-VOUS UN POINT POUR CHAQUE COURSE OU TÂCHE SITUÉE À SA PLACE DANS LA LISTE CORRESPONDANTE.

LISTE A		LISTE B	
1		1	
2		2	
3		3	
4		4	
5		5	
6		6	
7		7	
8		8	
9		9	
10		10	

Pour aller plus loin

TOUT EN APPLIQUANT LES TECHNIQUES DE MÉMORISATION DANS VOTRE VIE QUOTIDIENNE, ENTRAÎNEZ VOTRE MÉMOIRE EN LA CONFRONTANT RÉGULIÈREMENT AUX TESTS SUIVANTS.

Une bonne mémoire nécessite un entraînement régulier. Utilisez les listes proposées ici pour faire des exercices quand vous avez un peu de temps libre. Exercez-vous à mémoriser les noms propres et les mots de cette page et de la page suivante, puis efforcez-vous d'apprendre des groupes de plus en plus importants de chiffres et de cartes (page 173). Notez votre vitesse et vos résultats. Fixez-vous toujours comme objectif de faire mieux que la fois précédente.

Noms

Christine Charron
Robert Deschamps
Arlette Danson
Philippe Rondeau
Catherine Mérovée
Dieter Buck
Armand Lapierre
Maria Langlois
Désiré Ronaldo
Marc Bonpain

Norbert Porteur
Henri Marchand
Deborah Vals
Colin Jouvet
Richard Donner
Bianca La Cava
Patrick O'Rourke
Roger Picard
Hélène Duval
Renaud Martin

Claude Diaz
Abdel Kéfir
Philippine Rozier
Paul Joffre
France Bourdon
Anita Marielle
Stéphane Heimer
Marine Cousteau
Frank Papas
Laurent Frappat

Mots

gâteau	désastre	creux	poulet	méandre
brisé	ouvrier	mine	fleur	volcan
citron	souris	bébé	ciseaux	mauvais
chapeau	chaussures	rouge	short	mercredi
peigne	ombre	zinc	achat	vin
dirigeant	portable	argent	rose	côte
ongle	confort	jalousie	cerise	chahut
empreinte	chemin de fer	sobre	déesse	dés
éclair	lacet	fruit	carré	feuille
évêque	machine	vase	niveau	oui
chien	laine	balle	coupe	cerceau
jaune	gosier	stand	cône	aiguiser
champ	âme	affamé	valise	ordinaire
tuile	pomme	pansement	bien	tortue
miniature	zèbre	chaise	gants	poire
bouton	bouton	saut	cuisine	salut
navire	navire	jardin	pin	garder
verre	verre	dessus	rebelle	sol
oreiller	oreiller	mètre	frais	électricité
étable	étable	entier	souris	éternel
	échiquier			
	tête			
	pire			
	lettres			
	ballon			
	lumière			

Chiffres

2 0 0 1 3 0 4 2 9 7 8 6 3 5 9 1 6 3 0 9 6 3 9 2 0 5 7 9 2 6 0 3 9 3 1 9 2 6 3 0 7 9 5 6 3 8 7 9 2 6

3 0 2 0 8 5 3 0 9 0 5 3 9 3 0 9 0 5 0 3 4 9 5 7 9 9 8 4 3 0 9 2 0 5 3 6 9 2 3 0 4 2 3 0 7 4 6 5 3 7

8 6 5 3 7 8 6 3 5 0 9 6 0 3 5 6 0 9 4 5 2 6 0 4 9 5 8 5 3 7 9 5 9 3 4 5 1 7 6 8 9 2 3 1 2 9 9 5 3 2

4 7 3 2 1 4 9 5 7 4 2 0 9 0 1 9 8 0 8 9 5 2 9 5 0 2 9 7 8 2 0 7 8 9 4 3 7 5 9 2 0 1 5 0 2 6 9 5 4 2

9 6 7 5 2 6 0 2 0 4 6 9 5 7 9 8 3 1 2 4 3 2 0 9 5 5 5 2 0 5 6 2 5 8 2 0 6 3 4 1 3 0 8 5 3 4 1 0 7 9

Cartes

Inventez vos propres tests

Pour tirer le meilleur parti des possibilités de votre mémoire, apprenez des informations en marge de vos expériences quotidiennes, sur des sujets qui ne vous sont pas familiers. En vous confrontant à de nouveaux types de données, vous améliorerez vos techniques, développerez encore plus votre imagination et renforcerez la maîtrise de votre esprit.

INDEX

CRÉDITS PHOTOGRAPHIQUES

L'éditeur tient à remercier Image Bank pour les photographies de la page 22, en haut à gauche, et de la page 156, en haut à gauche. Toutes les autres photographies de cet ouvrage sont la propriété de Quarto.
L'éditeur remercie également Jonathan Ferguson pour le prêt des photographies constituant une partie des images clés de ce livre.